The Meditations

沉思录

张艳玲◎改编

民主与建设出版社

·北京·

图书在版编目（CIP）数据

沉思录 / 张艳玲改编 . —北京 : 民主与建设出版社，2015.12
（2021.4 重印）
ISBN 978-7-5139-0923-5

Ⅰ . ①沉… Ⅱ . ①张… Ⅲ . ①斯多葛派—哲学理论Ⅳ . ① B502.43

中国版本图书馆 CIP 数据核字（2015）第 273082 号

沉思录
CHEN SI LU

改　　编　张艳玲
责任编辑　王　颂
封面设计　天下书装
出版发行　民主与建设出版社有限责任公司
电　　话　（010）59417747　59419778
社　　址　北京市海淀区西三环中路 10 号望海楼 E 座 7 层
邮　　编　100142
印　　刷　三河市同力彩印有限公司
版　　次　2015 年 12 月第 1 版
印　　次　2021 年 4 月第 2 次印刷
开　　本　710 毫米 ×944 毫米　1/16
印　　张　13
字　　数　130 千字
书　　号　ISBN 978-7-5139-0923-5
定　　价　45.00 元

注：如有印、装质量问题，请与出版社联系。

前言 PREFACE

一本书和一本好书的区别就是：好书让你读的越多，得到的越多，通过阅读获得强大的精神力量。《沉思录》就是这样一本好书，它为我们净化了心灵，洗去了俗尘。

《沉思录》是古罗马斯多亚派哲学最后一部重要典籍，这部书是古罗马皇帝马可·奥勒留写给自己的书，内容大部分是他在鞍马劳顿中写成的。它来自作者对身居宫廷的自己和自己所处混乱世界的感受，追求一种冷静而达观的生活。甜美的文字中，很自然地散发出一种优雅、庄重而略显忧郁的高贵气质。

关于《沉思录》的价值，正如法国知名学者雷朗所说："马可·奥勒留使人有这么一种朴实的信仰：面对宇宙自然，一颗高贵的道德良心，是任何种族、国家，是任何革命、任何迁流、任何发现都不能改变的。"

《沉思录》不仅是对自我更深层次的探索，也充满着对人类道德的思考。随着社会的发展，物质文明日益丰富的同时，精神文明却在悄悄地退化。而这本书正是让我们重新找回"逝去的文明"的钥匙。

当然，《沉思录》不仅仅是一本讲人类本性的书，它涉及了人生的很多问题，它的精髓似乎永远也汲取不尽，每读一遍都会有不一样的感悟。

所以，很多伟大的人物都对这部著作读过不只一遍。

越是经典的东西，越需要我们耐心地品读；越是深奥的东西，越需要我们精心地挖掘。经典需要解读，需要总结，需要归纳，而这也正是编写本书的目的。通过本书，你可以阅读到马可·奥勒留的这部经典之作的基本风貌，从这部经典之作中学习到那些千古流传的永恒箴言，也可学到怎样对待自己对待他人。

《沉思录》就是一部博大精深的人生哲学，细细地品读，终会有所收获。

目　录

下卷　感悟经典

上　卷

阅读经典

这位一千八百年前的旷世奇人无意间为我们留下这一部《沉思录》。我们借此可以想见其为人，窥察其内心，从而对于为人处世律己待人之道有所领悟，这部书不能不说是人间至宝之一。

——中国著名学者 梁实秋

第一章　向高尚的人学习

1. 从我的祖父维勒斯那里，我学习了和善的待人之道与控制自己的性情。

2. 从我父亲的名声和我对他的回忆中，我理解了什么是谦逊和男子气概。

3. 从我的母亲那里，我学习了敬畏上帝和慷慨仁爱，明白了不但要戒除恶行，甚至为恶的念头也不要有；她简朴的生活方式还教会我怎样过简朴的生活，要摒弃一切富家奢侈的习惯。

4. 我的曾祖父从不逼迫我去公立学校读书，而更看重聘请优秀的家庭教师，这让我逐渐懂得要不惜一切代价地去求知。

5. 我的老师教导我，在竞技场中既不要拥护蓝队也不要拥护绿队，也不要在角斗场上参与轻盾的或重盾的一派；要学会清心寡欲、吃苦耐劳；凡事都要自己动手去做，少管他人的闲事，不要轻易相信流言。

6. 从戴奥吉纳图斯那里，我学会了不忙于琐碎的事情，不迷信巫师以及魔术贩子所说的驱鬼符之类的话；不要饲养鹌鹑，不对这类事情产生浓厚的兴趣；学会倾听别人的谏言，不要轻易动怒；要刻苦研习哲学，先是巴克切斯，后来又是坦达西斯和马歇伊努斯；我在年轻时就开始练习，并且对小木床、羊皮之类的与希腊哲学有关的一切充满了兴趣。

7. 从拉斯蒂克斯那里，我认识到我的品格有需要改进和磨炼的地方；不要误入诡辩的邪途，不要写故作玄虚的文字，不要讲陈词滥调，不要把自己伪装成苦修者，或者摆出一副仁慈的样子来显示自己；要学会避免修辞、抑扬的音律和绮丽的文辞，不以辞害意；不要穿着长袍在屋里踱来踱去，以及此类迂腐的举止；写信时行文要朴实，就像他自己从锡纽萨给我母亲写的信一样；对于那些爱发脾气的冒犯者，不必耿耿于怀，若对方有意悔过知返，就与他冰释前嫌；读书要细心，不可粗枝大叶不求甚解；对于高谈阔论的人，不要随便附和或相信他们；我还要感谢他，因为是他从藏书中借给我埃庇克太德的《对话录》，才使我了解到这位哲学家的思想。

8. 从阿珀洛尼厄斯那里，我懂得了什么叫自由的精神和永不放弃的决心；懂得了凡事除了依赖理性，没有其他可以仰仗的东西；学会了即使遭遇丧子之痛或疾病缠身也要保持常态；他也为我树立了榜样，一个人可以威猛坚毅，也可以柔和可亲；我学会了在教导别人时循循善诱；我还看出，他讲授各种哲学原理时流畅自然，从容不迫，但却从不为此骄傲，也不认为这是他的特长；我还学会了如果从朋友那里得到帮助后，既不可因此而丧失自尊，也不漠然以待，把它视作理所应当。

9. 从塞克斯特斯那里，我体会到一种和善的品质，他是一个以慈爱方式管理家庭的榜样，合于自然之道的人生观，庄重而不矫情；对于朋友的利益考虑得细心周到；对无知的人和不讲道理的人也能耐心对待。在与人相处方面他堪称典范，和他在一起比听任何阿谀奉承的话都愉快，同时与他交往的人也很敬重他；他头脑明晰，对于人生的基本原则如何发掘、如何安排，都会胸有成竹；他从不流露愠怒和其他任何过分的情绪，似乎完全超出了情绪的影响之外，对身边的人永远和蔼可亲；他不惜赞美别人，但从不过分赞誉，他知识渊博，但从不故弄玄虚。

10. 从文法家亚历山大那里，我学会了不过分挑剔别人的过错；不去苛责那些在表达时用了粗鄙的字眼，或不合文法，或发音错误，而是灵活地通过回答时强化正确的来暗示他们；或者通过表示同意他的意见，和他一起纠正该词的用法；或者和他一起探讨某一件事而不是推敲某个词语，或者采取其他的委婉而巧妙的方法加以引导。

11. 从弗朗特那里，我学会观察什么是暴君专制的凶残无道，以及虚伪狡诈；总之，那些所谓的贵族阶层通常都是不近人情的。

12. 从柏拉图派的学者亚历山大那里，我懂得了，在不必要时不应该对任何人说“我很忙”以此为托词，也不可以此为借口来推卸我们在社会关系中对他人的责任。

13. 从卡图勒斯身上，我学习到了不要对朋友的怨言置若罔闻，即使发现他在无理取闹也不可忽视，要安抚他，使他能够回归平日的友谊；对师长要心怀敬意，由衷地赞美，正如多米蒂厄斯提起雅特洛多图斯时那样；要真正的爱自己的孩子。

14. 从我的兄长西维勒斯那里，我学会了爱家庭，爱真理，爱正义；通过他，我知道了特拉西亚、赫尔维蒂厄斯、加图、戴昂、布鲁图斯，我学习到一视同仁，懂得了权利平等和言论自由是统治的根基，懂得了君主的最高理想是尊重人民的自由；我还学会了始终坚定不移地尊重哲学；乐于助人，热心施舍；心存善念，相信朋友；我还观察到，对于那些跟他意见相左的人，他能够坦率地直言相告，朋友们也无需揣测他期待什么还是不期待什么，因为他向来心胸坦荡。

15. 从马克西默斯那里，我学会了自制和意志坚定；无论是疾病还是其他的困境中都始终保持愉快的心情；要有一个既和蔼可亲又严肃庄重的性格，以成为好的表率；做事要勤恳且毫无怨言。他做事始终表里如一，从不口是心非，不抱有任何恶意；他从不表现出大惊小怪的样子，遇事不慌，从容不迫；他做事不匆忙，也不拖延，没有手足无措或意志消沉的时候；从不强装笑颜，也不会乱发脾气或者猜疑。他心地仁厚，宽宏大量，为人正直；我还观察到，没有人会使马克西默斯走上歧路，也不会有人强迫他走上更好的路；任何人都不会觉得马克西默斯轻视了自己，或者敢夸自己比他更好。在适当的场合中，他也很幽默。

16 . 从我的养父身上，我学会了他和善的脾气，对于他经过深思熟虑

决定下来的事情，从来都是那么坚定不移；他从不追求所谓的尊贵、荣耀、虚荣；他热爱工作，能持之以恒；为了公共的利益，虚心听取别人的意见，他赏罚分明，不偏不倚；靠经验，他知道什么时候该坚持，什么时候该放松，他克服了一切青春少年的激情；他待人的方式也是可称道的，从不强求朋友陪同他一起吃饭，或是硬邀他们一起去旅行，若是他们有事不能脱身，在他们归来之后也不会心存芥蒂。

在商讨国家大事时，他总是能一丝不苟地对待每一个问题，并且耐心倾听，从不以肤浅的印象为满足，遇事要追根到底；他重视朋友情谊，既不会敷衍了事，也不会沉迷不已；应付任何事变都能镇定自若、积极乐观，不改变平常的风格；他富有远见，琐细之处也能考虑周全，却从不故作夸耀；他禁止在公共场合对他歌颂赞扬，讨厌一切阿谀奉承；他废寝忘食地处理国家事务，对于公共事务的支出精打细算，即使受到责难也会坚定立场；他敬神，但不迷信；他爱民，但不把他人的荣耀归于自己，更不媚世取容；他在任何事情上都沉着冷静，意志坚定，洁身自好，从不追赶新鲜的事物。

对于命运之神恩赐的生活享受，他坦然领受，既不洋洋得意，也不觉得受之有愧；如果这一切不再唾手可得，也不觉得遗憾，更不留恋渴求。没有人指责他是诡辩家、擅长戏谑或者爱卖弄学问，他为人成熟有度、性格完善；他不喜好别人的阿谀，能约束自己，也能领导他人。

除此之外，他只对那些真正的哲学家怀有高度的敬意，对那些冒牌的哲学家他也不谴责，但从不轻易让自己受他们的影响；他平易近人，性格随和，言谈自如，不失分寸；他懂得怎样合理地保重身体健康，也不过分贪生，他虽不太注重仪表，但绝不会忽视身体；由于适当的保养，他很少生病，从不乞求灵丹妙药来维护生命。最使人敬佩的是，他对于有特殊才能的人从不嫉妒，而是一贯提携器重；对有一技之长，如拥有雄辩之才或法律、道德知识的人，他尽量使他们各得其所，给予帮助；他忠于国家的传统体制，但不矫揉造作，让人觉得他在遵循古法而不是墨守成规。另外，他不喜欢变动，更无举棋不定的毛病，绝不旁骛，总是专心致志，从事于同样的工作；在剧烈的头痛发作之后，他会很快恢复正常工作，而且格外勤奋努力。他很少有秘密，即使有也都是有关国务政事；他对于公共娱乐、公用建筑以及公共财产的分配都非常谨慎精细，绝不铺张浪费，处理得头头是道而不贪图虚名。

他并不随时沐浴，不讲究宫殿的豪华、饮食的精美、衣着的华丽以及奴隶的美貌。他的长袍是在他的海滨别墅罗内姆做的，他的大部分供应是来自拉努维阿姆。我们知道，在塔斯丘佗的税吏向他道歉时他的态度是宽容谦和的，他的日常行为大抵是如此。

在他身上，从没有粗暴骄横的行为，也不会有汗流浃背的狼狈之状；同时他做每件事情都有所计划，从容不迫，有条不紊，精神愉快，有始有终，而不是人们所说的那种做事犹豫不决的人。人们评价苏格拉底的话同样也适用于他，那就是许多事他可以享受但绝不沉迷，对很多东西一般人是好于贪求而不懂放弃、做不到有节制地享受；而他既有力量去承受，又能保持清醒，所谓“享受而不逾度，禁绝而不以为苦”，这是完美而坚强的意志表现，正如马克西默斯在疾病中所表现的那样。

第二章　做每一件事都像做最后一件事

1. 每日清晨都要告诉自己：我会遇到好管闲事的人，忘恩负义的人，狂妄无礼的人，满嘴谎言的人，嫉妒贤能的人和孤高自傲的人；他们之所以会变成那样，是因为他们不能分辨善与恶。我看见善的本质为美，恶的本质为丑，可是那些做错事的人的本质与我并没有不同；我们来自同一种族，有着相同的血脉；我们智力相仿，具有同样的理性与神性；所以我既不会受到他们任何一个的伤害，也不会有人能把我拖累到堕落中去。我们生来就是为合作的，就如双足、两手、上下眼皮、上下排的牙齿；所以彼此冲突乃是违反自然，表示反感、厌恶或是相生怨恨便是冲突的表现。

2. 无论地位如何，我不过是一个肉体，有着呼吸和可以支配自己的能力。丢开你的书本，不要让它再分你的心，分心是不容许的；不过，假定你现在濒临死亡，肉体是多么微不足道，这不过是血液、骨骼、一些网状组织及一种神经和血管的构造。呼吸呢，也不过是一缕空气，不停地变化，时时刻刻都在呼出、吸入；接下来就是支配自己的能力了，要这样去想：你是一个垂暮老者，不要再做奴隶了，不要再做被各种欲望所牵扯的傀儡，不要再对现世的命运有所怨恨，更不要畏惧未来的命运。

3. 来自神灵的一切都充满着神意，就是命运的演变也不会与自然分离，更不能摆脱神意的安排和事务的干预。一切事物都伴随着神性的流淌。此外，还存在一种必然，那是为着整个宇宙的利益，而你只是浩渺宇宙的一分子。整个自然所产生的、所维系的，对于自然的各个部分也必然是有利的。但是宇宙中任何一部分的存留都有赖于变迁，且扩及至由于元素复合而成的事物的变化。如果你把它们当作法则来看待，这些法则对你应该足够充分了，让它们成为永恒不变的观念。摒弃对书本所抱有的希望吧，当临死时，你不会感到遗憾，而是从内心深处愉快地、虔诚地感谢神灵。

4. 要记住，你已经拖延了多么久，神灵给予了你多少次的机会，可惜你并未加以利用。现在至少该明白了，你不过是其中一部分的那个宇宙，究竟是怎样的一个物体，必须弄明白，在这样一个流逝的宇宙，究竟是谁在主宰你的存在？你的时间是有限的，如果你不用以照耀你的心灵，那时间就会飞速流逝，而你也将离开人世，良机一去不复回。

5. 随时都要意志坚定，要像一个罗马人，一个大丈夫，无论做什么事，都要心怀慈悲，带着简单而完美的自尊，感觉着爱意、自由和公道，不能掺有其他的杂念;要是你将人生中的每一件事情都当作是最后一件来做,避免一切的粗心大意,避免一切偏离理性的冲动、一切的虚妄和自恋,以及一切对自己命运的抱怨,那么你就能得到解脱。你应该看到,一个人要过上平静而安详的生活,他所需要的东西真是少之又少;只要他拥有了这些,那他就能像神灵一样永世存在,而神灵对他也不再有别的要求。

6. 身外之事会干扰到你吗?多抽一些时间再去多学点好的东西吧,不要再被外物牵扯得晕头转向了。不过你要当心被带入另一条歧路。有些人在生活中把自己弄得精疲力竭,终生苦苦追索而漫无目标;甚至他们的每一个念头都不可实施,这些人都是没有明确目标的人。用一句话来说,他们是没有思想的人。

7. 不关心别人心灵世界的人很少能够不快乐,但如果不密切注意自己心灵动态的人,则必定是得不到快乐的。

8. 你必须牢记这一点:整个宇宙的性质是什么,我的性质是什么,前者和后者又有什么关系,我在宇宙中是怎样的一个部分,没有人能妨碍你,并阻止你在言行方面与自然达到协调,因为你也属于自然的一部分。

9. 西奥弗拉斯特斯在对各种恶行作比较的时候——就普遍的说法而言,这种比较是有可行性的——曾按照真正的哲学家的言论说,因为欲望而犯错比因为愤怒而犯错更该遭到谴责。那些激于愤怒的人之所以丧失理性,似乎是很痛苦的,并且潜意识中觉得良心不安;但是那些由于欲望而犯错的人,被快感所缠绕,好像是在做错事之际有一些放纵,并缺乏男子阳刚之气的样子。接着,他又以哲学家的口吻说,犯错时还有快感的家伙比犯错时心情沉痛的人更加不可饶恕。一般而论,一个人先受了委屈,然后内心的痛苦开始转变为愤怒，总算还有点男子气概。但受内心欲望的驱使，头脑发热而做错了事的人就是自己作孽了。

10. 你生命中的每一次行为和每一个念头都要尽可能地加以调整，因为你随时可能离开人世。如果神灵存在，离开众生之世界并不使人感到可怕，因为神灵不会把你带向恶途。如果神灵真的不存在，或者神灵不管人间的事务，那么，在一个没有神灵或缺少神性的宇宙，我们该如何生存下去呢？不过，神的确是存在的，而且他们是掌管人间俗事的。他们想尽办法、用尽心思赋予人类力量，避免人们堕入邪恶。对于死后的邪恶，他们也对此有所准备，使每个人都不至于被邪恶包围。既然神灵不能使人变坏，又怎能使人的生活掺杂恶性呢？整个宇宙绝不会因愚昧而生疏忽，并且一旦发现有什么闪失，必定会有力量去预防并且及时纠正恶行。不管是力量不足，抑或是因为愚笨而造成的重大过失，以致使好人和坏人毫无差别地去承受善恶。不过，死亡与生命，尊荣与耻辱，痛苦与欢乐，财富与贫穷，都是每个人不能抛开的，所以，它们既没有善也没有恶。

第三章　人生是一个过程

1. 一切事物都消失得那么快，它们的形体消逝在宇宙中；在永恒中也许它们很快被遗忘，它们的记忆也逐渐消逝了。所有感性事物的本质是什么，尤其那些用快感来引诱人，用苦痛来恐吓人，用虚名来误导人的感性之物的本质是什么，它们没有价值可言，可鄙、肮脏、污秽、短暂易逝——所有这一切都是我们应该运用智慧来确认的。还有，那些靠着夸夸其谈来博取名誉的人究竟是怎样的人？死亡又是怎么一回事，如果拿来认真研究一下，靠着理性的分析，将一切有关死亡的可怖幻象支离破碎，那么就会将死亡看做是自然的运行而已。要是有人害怕自然的运行，那他无异于胆怯的幼童。事实上，死亡不仅是自然的运行，而且也是自然有益的措施。我们应该去观察，人怎样才能与神性接触，究竟是通过自身的哪一部分来接触神性，什么时候这一部分才能与神性接触。

2. 世上最可怜的莫过于这种人，他们苦苦地要研讨周围的一切事物，甚至像诗人所说，钻研到地球上一切有呼吸的东西都不放过，他们甚至去猜测邻居的心思，却根本不明白只要体认和敬奉自己心中的神就够了。敬奉心中之神意味着保持心灵纯净，防止冲动和轻率的干扰，以及对于从神灵或他人而来的对一切事物的埋怨。因为来自神灵的事物都值得我们敬仰；来自人的事物，由于我们是有亲缘关系的同类，理应珍视；有时在某种状态下还值得我们同情，因为他们不能分辨善恶的缺陷和没有辨别黑白能力的缺陷是一样的。

3. 假使你能活到三千年，乃至几万年，你也要明白，一个人只能死一次也只能活一回，你所失去的生活就是你现在拥有的生活；你所过的生活也正是你此刻正要失去的生活。所以，最长的生命和最短的生命在此意义上是等同的，因为所谓“现在”，对所有人都是一样长，我们流失的根本不是我们的，放弃的也只是一段短暂的时间而已。因此，有两点必须记在心上：第一，来自永恒的万物都有着相似的形体，是循环反复的。一个人在一百年间，或者是在两百年间，甚至是无限的时间里，看到的景象都是同一的，这对他来说没有什么差别。第二，长寿者和短命者在死亡的时候失去的都是同样的。如果说一个人只拥有现在的话，那么，他能够被剥夺的也只有现在，因为他没有的东西也就无所谓失掉。

4. 我们应该记住，一切事物均取决于我们的看法。犬儒派的蒙尼莫斯所说的这句话是很明确的，其效果也是很显著的，那就是只要我们在适合的范围之内尽可能地汲取其精华。

5. 一个人灵魂堕落，就相当于是把自己尽可能地变成宇宙的一个赘瘤。首先，对任何发生的事都心怀不满，这无异于把我们自身与自然分隔开来，因为一切事物都不过是自然的一部分而已。第二，对于他人的嫉妒和藐视，甚至有心加害于他人，许多愤怒的人往往便是如此。第三，当灵魂被享乐或苦痛彻底压倒时，灵魂也就陷入堕落中。第四，戴假面具，所言所行都是虚情假意，没有一点诚恳的意念。第五，做任何事都不加考虑，行为和意向漫无目的，殊不知，即使是最琐细的事也应该考虑到后果；而理性的人其终极目标就是遵循理性，并遵从最古老的城邦和政体所定的体制。

6. 就人的整个一生来说只不过是一个点,物质在不断地流动,知

觉则是迟钝的,整个身体的构造且易于被解体或腐蚀;灵魂不过是一个漩涡,命运变化莫测,而名誉又难以断定。简而言之,属于身体的一切不过是一条溪流,灵魂方面的事物仿佛是梦、是云雾;人生是一场战争,又是过客的旅途,死后的名誉也会随之消逝。那么,在人生路途上能够帮助我们的又是什么呢?只有一件东西,那就是"哲学"。这意味着把内心的神保持得纯洁无瑕,并让它作为痛苦和欢乐的主宰;做起事来不要漫无目的,也不要心怀虚荣、有所图谋,并不要为别人所做的或没有做的而受到影响。此外,要顺从一切发生的或是命中注定要发生的事情,因为无论其为何事,都与我们有着相同的来源。不管是谁,他来自哪里,最后都要以愉快的心情去迎接死亡,这是自然界中每一种事物赖以组成的元素的解

体。如果一种事物不断地变成另一种事物，期间并没有什么需要害怕的，那么一个人对于一切事物的变迁或解体又有什么值得恐惧的呢？因为这是符合自然之道的，按照自然之道就没有邪恶。

作于卡农图姆。

第四章　正义、节制、坚忍是最好的品质

1. 我们不应当仅仅考虑到，生命是一天天地在耗费，剩下的部分越来越少；我们也要考虑另一件事情，如果一个人的寿命可以延长，也没有多大把握说理解力还能继续足以使他了解事实，还能保持那种努力获得有关神和人的知识的思考能力。因为如果一个人寿至期颐，他的排泄、营养、想象和胃口或别的类似能力也将衰退，而那种运用我们自己的能力，满足我们义务标准的能力，清晰地区分各种现象的能力，考虑一个人是否应当现在辞世的能力，以及其他类似的能力，都是极需要训练良好的思考能力的，而这种功能在他身上已经衰退了。所以，我们必须抓紧时间，不仅是因为我们一天天地在接近死亡，而且是因为在死之前我们对事物的理解力和知觉也将先行消失。

2. 我们也应当观察到：在自然运行中那些合乎自然产生的事物之后出现的现象也是颇为美妙和具有吸引力的。举个例子，当在烘烤面包时，表面出现了某些裂痕，这些裂开的部分有某种不含面包师目的的形式，其本身并不坏，含有一种特殊的刺激食欲的力量；再比如，无花果熟透时也会裂开口；橄榄成熟接近腐烂时也会给果实增加一种特殊的美；谷穗的低垂、狮子的睫毛、野猪嘴里流出的泡沫，还有很多别的东西，如果拣出来孤立地观察它们，虽然它们决不能称得上是美的，但由于它们是自然运行导致的结果，因而显得颇为美妙，使人心灵愉悦。同样，如果一个人对宇宙

中产生的事物有一种敏锐的感觉，那些作为其结果出现的事物在他看来就几乎都是为了引起快乐而安排的方式。所以，他在观察真正的野兽张开下颚，和看画家或雕刻家模仿的所得到的快感是同样多的；他能在一个老年人那里看到某种成熟的境界，也能以纯净的眼光打量年轻人的魅力和可爱。许多类似事物的出现，它们并不能使每个人都感到愉悦，但是一个真正熟稔自然及一切作品的人必定会透彻地去欣赏。

3. 希波克拉底在治好许多人的疾病之后自己却因病而死了。星相家们预言了许多人的死亡，然后自己的命运把他们带入死亡。亚历山大、庞培、恺撒在粉碎数十万计的骑兵和步兵、多少次把许多著名的城市彻底摧毁之后，最终他们自己也与世长辞了；赫拉克利特多少次揣想这世界有一天要被火焚毁，之后自己却死于水肿病，死时牛粪脏污了全身；德谟克利特被虫豸毁了，苏格拉底也死于另一种害虫。所有这一切意味着什么呢？你已经动身外出，扬帆航行，近岸，然后上岸。如果的确是驶向另一种命运，在那儿不会是没有神灵的，或者在那儿也不需要。但如果是航向一个无知无觉之乡，你便不会再受苦乐的支配，不会再给肉体做奴隶，而身体有多下贱，它所服务的对象就有多优越，因为前者是粪土和腐朽的东西，后者是智慧和神灵。

4. 不要不情愿地劳作，也不要不重视公共利益，不要轻率地考虑事情，不要三心二意，不要用华丽的装饰来打扮你的思想，也不要成为喋喋不休或忙忙碌碌的人。让你内心的神灵做你生活的主宰，使你成为一个有生命存在的保护者，一个从事政治的成熟男子的保护者，一个罗马人，一个统治者的保护者。这个统治者像一个随时准备完成任务的人，静候信号便可以脱离人生，既不需要誓约也不需要别人的保证。同时表现出欢乐的样子，不寻求外在的帮助也不需要别人给你的宁静。这样，一个人

就可以自己站起来，而不是让别人扶起来。

5. 假如你在人类生活中发现有什么能胜过正义、真理、节制和坚忍等更好的东西，一句话，发现比你自己心灵的自足更好的东西。这种自足能使你在非你选择而分派给你的条件下，按照正确的理性行事，如果你发现了比这更好的东西，就尽量地享受那你认为是最好的东西，并为此快乐吧。然而，如果没有什么能胜过你的内在神灵，那神灵能制服一切欲望，能审查一切的思考，并像苏格拉底所说，使自身摆脱感官的诱惑，把自身交付给关心人类的神灵。假如你发现任何其他事物都没有这个重要，都比这个价值要低，千万不要抛弃这个而寻求其他，因为如果你一旦误入歧途、倾向于别的东西，你将不再能够集中精力去侍奉你那固有的适合你的最好的东西了。因为，一切的身外之物，比如说称赞、权势、财富或享乐，同那些在理性方面、在政治或实践中善的东西相抗衡是不对的。这一切东西，即使它们看上去可以在加以限制的条件下使之适宜于更好的事物，但它们会忽然间以优势把我们掳走。所以我说，你要直截了当地选择那最好的东西，并且坚定不移。也许你会说，有用的才算是最好的。那么好，如果你作为一个理性的人，就坚守吧；但如果你只是作为一个动物，那就要拒绝它，并且毫不犹豫坚持你的判断，而仅仅关心以一种恰当的方法来探究。

6. 永远不要把任何这样的事情评价为是对你有利的，那些强迫你成为违背诺言、丧失自尊、憎恨他人、猜疑、诅咒他人、虚伪和欲望，一切需要掩盖的伪善者，因为凡是认为自己的智慧及神性超越一切从而膜拜的人，他们绝不扮演悲剧的角色，不呻吟，不企求安宁独处，也不希望与人喧嚣热闹；更重要的是，他在生活中既不受死的诱惑也不逃避死亡，他完全不关心他的灵魂在躯壳里到底能停留多长时间。因为，即便让他马上从尘世离去，他也会很乐意的，就好像他要去做别的正派而体面的事情一样从容；他一生中只关心一点，即他的思想不要背离那属于理智的人、属于一个好公民所应有的模范。

7. 在一个有节制的、进行过磨炼和净化的人的心里，你不会发现任何腐朽、毒疮或隐藏着的脓疱。当生命就像人们所说的悲剧演员在台词未毕就匆匆下台一样，虽然到了极限，但他的生命并非就此而不完全。除此之外，他没有任何奴性，没有任何矫饰，既不过分依附于其他事物，同时也不离弃别人，不指责也不有所逃避。

8. 要尊重你那产生意见的能力。你支配的理性当中是否存在着与自然不相容的意见，是否存在着与理性动物的机构不协调的意见，完全依赖于它。这种能力可以让你自由地判断，让你对人友善，对神虔诚。

第五章　简单、朴素、愉快地生活

1. 把一切的东西抛开吧，只把握住少数的这些；此外还要谨记：每个人的生命都存在于目前这个时间里，而他生命的其他部分不是已经过去就是永远不再回来。人生实在是渺小，每个人生存的时间都是短暂的，所居住的角落是狭小的，最长久的身后名也是短暂的，甚至就是那垂青久远的名声也那么微不足道，只是依靠可怜的人们辗转相传，而他们自己也将很快死去，他们甚至于不知道自己，更何况很久以前就死去的人。

2. 为了强化上面所说的，让我们补充这一段：你遇到一件事情就要给它下一个定义或是作具体的描绘，以便清楚地看清其实体，使其袒露真相，从其完整性来看看它是何种性质的事物，告诉你自己它适当的名称，以及组成它的各种事物（它以后将又分解为这些事物）的名称。因为最能培养高尚情怀的事，无非是对人生遭遇的一切做系统而真实的考察，使生活中所有的对象在你面前呈现。总是凝视着事物以便同时看清这宇宙到底是怎样的性质，万事万物在宇宙中各起什么样的作用，相对于整体各有什么价值，相对于人又各有什么价值。人乃是最高国家组织中的公民，所有其他的组织都像是至高国家组织的下属；我目前最有印象的事物是什么？其性质是什么？它是由什么东西组成的？大约可以持续多久？我需要以什么状态来对待它？诸如文雅、果敢、真诚、忠实、简朴、满足，等等。因此，一个人在任何环境中都应该说，这是来自神，乃是按照命运之交错以及相似的偶然姻缘；或者说这些事是来自与我同一根源的人，一位亲戚、一位邻人，虽然他们不知道什么事情才是合乎他们本性的，但是我知道。所以要根据同胞之情的自然法，以仁爱和公正对待他们。同时，对于这些既不是善良的也不是邪恶的事物，我还要试图确定其真正的价值。

3. 当你做摆在你面前的事情时，你要遵循正确的理性，严肃、精神饱满、沉着、专心地保持你神圣的纯洁部分，好像你必定要直接把它归还似的；假如你能坚持这一点，别无他求又无所畏惧，满足于自然合乎本性的活动，满足于你言谈间的勇敢和真诚；那么，你的一生将是幸福的，没有任何人能阻挡这一点。

4. 就像医生一样，他们总是要备好器具和手术刀以待突然需要他们医治的病人。同样，你也要通过回忆把神和人统一起来的契约而备有一些原则，用来理解神和人的事物，纵然是极琐碎的事，也要详尽地了解二者之间的相互关联。因为，若是你不同时参照神，就不能好好地尽责有关人事，反过来也是这样。

5. 不要再迟疑徘徊，因为你面临记忆力的衰退，不再能读到自己的札记或古罗马古希腊事迹，也读不成你为自己晚年准备的书籍。那么，抓紧你最后的一些时日奔向你的目标，丢开一切妄念；如果你珍惜自己的话，自己援助自己，而这也是在你的力量范围之内。

6. 他们不知道偷窃、播种、购买、沉默等这些词语包含着多少种意义。保持清醒吧，考察什么事情该做，这不是眼睛所能看见的，而是受另一种观照力的影响。

7. 身体、灵魂、理智：感觉属于身体，欲望属于灵魂，真理属于智慧。通过现象而得到形式的印象，这种能力甚至也为动物所拥有；像傀儡似的想要让欲望所推动，这既属于野兽也属于嬖童，同样等于是一个法勒里斯和一个尼禄；提及靠智慧作指引以尽他们所体味到的责任，这也属于那些不信神的人，背叛祖国、对国家危难视而不顾的人。那么，如果所有别的一切对于我刚提到的这些人都是共同的，那还剩下一种特点是善良的人所独有的，那便是对所有发生的事情，以至命运给他安排的事情都感到满意和愉悦，不玷污和不以一堆形象搅扰他内心的神灵，而是让其保持宁静肃穆，并看作一个神而由衷地服从它，决不说任何违背真理的话，不做违背正义的事。如果所有人都不相信他是过着一种简朴、平淡和满足的生活，他也决不对任何人发怒，也不偏离命运为其铺设的轨道，依然朝向一个人应当达到的纯粹、宁静、乐意的生命之途而前进，随时准备告别人生，没有任何强迫地安心于他的命运。

第六章　追求内心的宁静

1. 我们内心的主宰，在与自然之道相顺应的时候，就能从容地应对一切所发生的事情，并且还能很容易地去克服现在或未来所有的遭遇。它并不需要某一特定的物质，固然是有条件的限制，在追求其崇高目标之际也会勇往直前，甚至还会在遭遇障碍后，从对立的方面汲取手段，犹如任何东西投入火内，均能被它融化一般。当然，小的火焰可能被它扑灭，但是当火势凶猛时，它就可能被吸纳并烧毁，火势也因此而更加旺盛。

2. 不要做没有目标的事，也不要无所顾忌地做违背生活艺术之完美原则的事。

3. 死和生一样，都是自然的秘密，是一些元素组合与分解的过程。死并不能把它当作是羞耻的事，因为这并不与人生法则相抵触，也完全合乎理性动物的天性。

4. 人的本性什么样，就会决定他做什么样的事，这是必然规律。如果你不希望他这样，那便等于是希望无花果树没有辛辣的汁液。在任何时候都要记住，在很短的期间之内你和他难免一死，随着时间的流逝，你们的姓名也会被身后的人所遗忘。

5. 摈弃“我受了伤害”的抱怨,受伤害的感觉也就马上没有了,“受了伤害”的感觉一旦消除,伤害也就消失了。

6. 任何不能使得一个人变得邪恶的东西,必定不会使得他的生活变得比以前糟糕,也就不可能从外部或是内部对他造成任何坏的影响。

7. 对事物怀有的见解,不可和做了坏事的人一样,也不可像他们所期望你去做的那样。观察事物要根据事物的本质,实事求是地去研究。

8. 一个人要随时记取两种原则:一个是,随时准备只是遵照那统摄一切的理性之吩咐,去做有益于人类的事情;另一个是,随时准备改变你的观点,如果有人纠正你,则使你免于犯错。不过,这种观点的改变也不能轻率地了事,只有在别人心悦诚服的劝说下,为着正义的公共利益才作出改变,而不可仅凭一时高兴或为了追求名声就轻易改变。

9. 你作为宇宙整体的一部分而存在,你从何处来,便将在何处消失;也就是说你将经过一番变化,而回到创造你的宇宙的理性中去。

10. 在同一圣坛上纷纷落下的许多香灰屑,尽管有的落得早些,有的晚些,但是它们之间并没有什么不同。

11. 如果你能重新回归原则,尊崇理性,那些当初视你为猿猴或野兽的人,过不了十天,就会敬你如神灵。

12. 无论做什么事,你都要谨记,你可能命在旦夕,不可能活到一万年,所以趁现在还活着,要好好做人还来得及。

13. 一个人不去注意他人的言行举止，不去臆测他人的想法，只要时时警惕自己的行为是否得当、正义，那么这个人的心灵是多么的坦然！一个好人不应该窥察别人内心的黑暗，而应该毫不偏离地沿着正直光明的大道向前进。

14. 为身后美名而动心的人，实在是没有思想，每一个记得他的人，以及他本人，很快都要死去，他们的后人亦将很快继他们而死去，直到最后关于此人整个的回忆完全消失；虽然连环传递之际亦曾闪闪发亮，但终归要熄灭的。假使回忆与被回忆者都是长生不死的，对你又有何益？对于死者，我无需说，赞美是无关痛痒的，对于活着的人又有什么用处？除非真是把它当作达到某种目的的一个手段。因为你在现今拒绝使用上天的禀赋，而斤斤计较将来别人对你的议论，那是不合实际的。

15. 一切事物如果是完美的，那么它任何的美妙之处都属于其自身，而赞美并非算得是其中的一部分；受赞美并不能使它变得更好或更坏。这个道理适用于大家平时所认为的美的事物，例如，一件实物或艺术品。那么，真正的美还需要赞美吗？当然不，除了规律、真理、仁爱、谦逊之外，而这几项，有哪一项是因为得到了赞美才变成美的，或遭到贬抑而丧失了美呢？一块翡翠会因为无人赞美而失去它的光彩吗？黄金、象牙、紫袍、竖琴、短剑、鲜花、树丛会因为无人赞美就会失去它们的价值吗？

16. 你的每一举措都合乎公道吗？你对事物的每一印象都应当体现你追求真理的信念。

17. 哲学家说过："如果你想要使内心宁静，那就少做事。"——但是，只做必要的事，只做合乎宇宙理性所要求的事，按照这种理性的要求去做,这样说不是更好吗? 因为这样不仅能获得做正确的事而带来心灵的宁静,而且还能因为少做事而获得内心的平静。我们的言行,没有哪个是必需的,如果一个人知道节制,就会因此而得到更多的闲暇,同时烦恼也相应地减少。所以,要时时刻刻不忘提醒你自己:"所做的是不是必需的事情之一?"我们不仅要减少不必要的行动,不必要的想法也要抛弃,因为没有无用的思想,多余的行动也就无从产生。

18. 要努力尝试过一个好人的生活,对于宇宙整体给你划分出来的那一份要欣然接受。满足自己正义的行为和仁厚的内心。

19. 你已经了解过事情的另一面了,现在看看这一面,不要自寻烦恼,要努力做到简单朴素。有人犯了错吗? 那只是害了他自己。你遭遇到什么事了吗? 不必介意,你所遭遇的每一桩事情,都是宇宙精心安排给你的一份。总而言之,人生是短暂的,要以审慎和正义的态度来把握这现在,即使在轻松的时刻也不可放纵自己。

20. 宇宙对万物的安排,可以说是井然有序,也可以说是杂乱一团,但不是没有规则的。如果宇宙中的万物没有秩序,那你的内心能有秩序可言吗? 况且万物虽然彼此孤立各处,但是它们之间却还和谐地存在着。

21. 一种阴暗的性格,一种懦弱的性格,一种固执的性格,残忍的、幼稚的、兽性的、虚伪的、下流的、欺诈的、专横跋扈的!

22. 宇宙中有些什么,如果一个人对此一无所知,他便是个宇宙中的局外人;宇宙中发生了什么,如果一个人还是对此一无所知,那他同样是个局外人。这种居于宇宙之法以外的人,便算得上是个逃兵,是不能用慧

眼观察的瞎子，是一心指望依靠而不能自力更生的乞丐；这样的人只是宇宙的赘瘤，因为不满于现实而背离了宇宙公共的理性。殊不知，同一个宇宙创造了自然也创造了你，如果把自己的灵魂从那浑然一体的理性动物的灵魂中割离出来，便成了那整体的一个残肢。

23. 有一位哲人没有一件衬衫，又有一位没有一本书，还有一位是半裸的，他说："我手里没有任何吃的面包，但是我却紧紧地握着理性。"我也是如此——尽管我从知识中没有寻找到谋生之道，但是我懂得了理性的尊贵。

24. 好好地把握你所学习的技艺，不管它如何的低微，还是要从中获得安心乐业；要像是一个全身心忠于神灵的人那样度过余生，既不骄纵凌人也不甘为人奴役。

第七章　没有什么可以不朽

1. 如果回想一下维斯佩申的时代，你就会发现过去的这一切与现在并没有什么不一样：结婚、生育、患病、死亡、战斗、吃喝、买卖、耕种、阿谀奉承、吹嘘自己、猜疑、阴谋、诅咒别人、哀叹命运、柔情蜜语、积累财富、攀做高官、妄想为王，可是他们的生活到如今没有在任何地方留下任何痕迹。回想图拉真时代，其情形是完全一样的，那时的生活也都随时间而流逝。同样地，可以试想历史上任何时代的任何国家，不管生前多么苦心经营、竭尽全力，最终还是难免一死，死后归于尘埃。但是，最要紧的是你要想想，你自己认识的那些只知爱慕虚荣、虚度光阴，而不知安分守己、履行

责任的人，却满足于自己无所事事的生活。由此知晓，所做的每件事情都

要以其本身的价值来判断，而且比例应该适度。这样，你就不会为那些无关紧要的小事枉费精力，也就永远不会让内心感到歉疚。

2. 无论是被记住的人还是记住这一切的人都一样是朝生暮死、稍纵即逝的。

3. 要不断地观察，一切事物是以变化而互相更替，要经常地想，宇宙最喜欢改变现存的事物，并且制造同一类型的新事物。现存的一切可以说是种子，孳生出新的事物，但是一提起种子，你就想到只有播种在土里或子宫的才是种子，这种看法是不太哲学的。

4. 你不久就会死去，可是你还没有能达到单纯朴素、了无牵挂、不受外物所干扰的境界；也没真正意识到所谓智慧是用正义的行为达到的。

5. 考察统摄人类行为的法则，看看那些聪明人避免的是什么，追求的是什么。

6. 你所认为的邪恶，根本不会存在于别人的支配原则中，也不会因为你自己的改变而造成任何变化。那么是从何而生的呢？是来自你自己所认为是恶的判断力；如果你不将他们判断成恶的，则一切都好。判断力的亲近便是你那可怜的躯体了，你的躯体就算被割裂、被焚烧，腐烂化脓，你也不要轻易判断；也就是说，同样地降临于好人和坏人身上的事情既不是善也不是恶。因为，如果同样的事情发生在那些违背自然之道和顺应自然之道的人身上，那这件事也就很难说是合于自然之道还是不合于自然之道了。

7. 要始终这样想：宇宙乃是一个生命的存在，只有一种本质，只有一个灵魂；一切事物都要与那唯一的知觉相关联；一切事物都是因为那唯一的动机而运动着；一切现存的事物总是那一切将要发生的事物的起因，其中错综复杂的关联就如那纵横交织的网。

8. 埃庇克太德说得好，人是一个担负着躯体的小小灵魂。

9. 一切事物的变化都算不得是恶，就好像有些事物凭借变化的结果才得以生存，这也算不得是善。

10. 时间就好像是一条激流，万事万物都在变化之中；才刚刚发现了一个事物，它就被带走了；又有一个事物涌现了，但它又将马上消逝了。

11. 一切发生的事情就像春天的玫瑰和夏天的果实一样，令人感到平常而熟悉；对于疾病、衰老、死亡、诽谤、欺诈，以及一切使愚人欣喜或苦恼的事物都是不足为奇的。

12. 早发生的事和晚发生的事都是有密切关联的，因为一连串的事物并非是按照因果关系井然有序地先后发生，而是有一种理性的关联；恰似现存的事物在和谐的秩序中被拼合在一起，未来的事物也是一样的，不仅表现出相继的次序，而且表现出某种奇妙的关联。

13. 永远记住赫拉克利特的话：“土死变水，水死变气，气死变火，如此往复，循环不已。”也要想想那些忘记了脚下的路通向何方的人，他们会说：我们连与自己关系最密切的方向都辨别不清。这便是统摄整个宇宙的法则；我们不应当像睡梦中人那样做事说话，因为我们在睡梦中好像也要做事说话的；也不可像管教得服从一切的孩子一样，简单地听从父母所安排的一切。

14. 如果一位神灵通知你：你明天就要死，无论如何也拖不过后天。那么，你究竟是明天死还是后天死，你恐怕不会太在意了。除非你是极度的懦弱，因为这差别实在是太小了！你究竟是若干年后死，还是明天死，你同样也把它当作一件无关紧要的事去对待吧！

15. 要像那经得住巨浪冲击的海角岩石，永远屹立不动，并能最终驯服四周暴怒汹涌的浪涛。

16. 啊！我竟遭遇到这样的事，是多么不幸呀！——不，应该这样说：我好幸运，虽然遭遇这样的事，但我仍泰然自若，既没有因为现实而变得一蹶不振，也没有对未来充满丝毫的畏惧。因为类似的事每一个人都可能会遭遇，但并不是每个人都能承受住它带来的伤害。为什么认为那是不幸，而不认为这是幸运呢？无论如何，你可曾认为不违背人的意志就是偏离了人的本性呢？凡不是与人的意志背道而驰的，你会认为那是人性的变态吗？那么，你应该知道什么是人的意志。已经发生的事情能阻止你去做一个公正、高尚、纯洁、明智、谨慎、坦率、谦逊、自由以及具有其他人性所不可或缺的德行的人吗？因此，将来如有任何事情使得你觉得不幸，你不可忘记这一原则：这并非不幸的事，只要勇敢地去承当就会使它变为幸运。

17. 要走最短的道路，因为最短的道路便是自然之道，相应的，你的一切言行也要遵从明智的理性。如果能下这样的决心，一个人便能远离忧愁与竞争，避免矫饰和虚妄。

第八章　用思想熏陶灵魂

1. 当天亮你不情愿起床的时候，要随时这么想：我起来是要去做人应做的工作。我来到世上就是为做那工作的，有什么不情愿的呢？难道我生下来就是为了躺在暖烘烘的被子里睡大觉吗？——是啊，躺在被子里更愉快。那么，你是生来为了享乐的吗？简而言之，我要问你，你是好睡贪吃呢，还是尽职责的呢？细想每一个微小的植物，小鸟、蚂蚁、蜘蛛和蜜蜂，它们是如何地勤于劳作，如何地尽职尽责，以组成一个有秩序的宇宙。而你呢，却不情愿做一个人的工作，不赶快去履行自然安排给你的职责吗？“我知道啊，但人总是要休息的嘛。”——休息是很重要，但要根据自然之道，就像吃喝不能过多过饱一样。但是你已经超出限度了，超过可以接受的范围了。等到要干活的时候，你就不是如此积极了，总是希望越少越好，多做一点也不愿意。可见你不爱自己，否则你一定也会爱自己的本性，而且遵从你的本性去做事。看看那些热爱自己工作的人吧，他们工作起来勤劳用心，常常累得憔悴不堪，连洗澡、吃饭也顾不上；而你对自己本性的重视，甚至还不如雕刻匠们对自己手艺的重视，舞蹈家对自己的舞技的重视，守财奴对金钱的重视，或者爱慕虚名的人对其名声的重视。这些人做事非常认真，甚至是废寝忘食，因为兴趣而使自己看重的事情精益求精；在你眼里，难道有益于社会的工作毫无价值、不值得你去尽心劳作吗？

2. 摈弃那些让人烦恼和不适宜的印象，使内心恢复平静，这并不难做到。

3. 凡是符合自然之道的言行，都值得你去做，不要因为别人的批评和争议而改变方向。任何事情只要是认为有益的，便不要认为不值得你去做。别人自有别人的想法，他们也有他们的意图。你绝不可旁顾，径直向前走，遵从你自己的本性和宇宙的法则，因为这两者原本就是同一条路。

4. 我将按照自然之道勇往直前，直到有朝一日我倒下了，永远安息，向着日日供我呼吸的天空呼出最后一口气，长眠在这大地上。我的父亲靠它来收获种子，我的母亲靠它获得血液，我的奶妈靠它来哺育我。这么多年来，这大地每日为我提供饮食，让我延续生命；任凭我把它踩在脚下为所欲为，达成目的，而它只是默默地承受着我。

5. 你心性不够灵敏，不足以令人称道——就算是这样，但对于其他的品质你却不能说："那是我天生就没有的。"那么，展示一下你力所能及的范围内的这些品质吧：真诚、庄重、吃苦耐劳、不好安逸享乐、甘于平淡、仁慈、坦率、节俭、严肃、思想高尚。看哪，你已经具备了这么多的品质，难道还有借口说自己天生缺乏这样的品格或天生能力不足吗？难道你是故意不肯尽力而为？难道自然没有赋予你完全的天性，而导致你怨天尤人、贪婪无度、阿谀奉承、糟蹋身体、丧失自尊、大言不惭、心灵不安吗？不是的，你本来早就可以摆脱这一切了。如果没能摆脱，那也只能是因为你天性愚笨，不能领悟；即便如此，也可以依靠训练来弥补，不能自甘懒散，为忽略了自己的迟钝而找借口。

6. 有一种人，当他为别人提供了帮助，总会把这恩惠记在自己的账簿上；还有一种人，虽然不致如此，可是在心里仍旧把别人当作受惠者，把对别人的点滴帮助都铭记在心；第三种人呢，对自己做了好事浑然不觉，这样的人就像一架葡萄藤结出了葡萄,并不希望自己因结出了果实而有什么报酬。做好事的人就像一匹马跑完了路程、一只狗追捕到了猎物、一只蜜蜂建好了蜂房一样,并不希望大叫大嚷地召唤他人知晓,只需默默地接着做就行了,正像葡萄藤来年再结出一串串葡萄。“那么一个人做事就应该这样的行若无事吗?”是的,不过他还要明察自己所做的是什么事,因为一个真正对社会有益的人在行善的时候,不也希望他的邻人看到他所做的。你说得对,不过你误会了我们现在所讨论的问题,所以你也免不了会成为上面所提到的那些人。不过,如果你能好好思考我话中的深意,将来就不会做出任何忽略社会利益的事情。

7. 雅典人有一种祈祷:“降雨吧,降雨吧,亲爱的宙斯啊,请在雅典人的耕地和平原上降下甘霖吧!”——事实上,我们也应当以雅典人这种坦诚而简单的方式来祈祷,否则不如不祈祷。

8. 如果没有能够使自己的每一个行为都符合正确的原则,你也不要受良心的谴责,不要沮丧不安,不要怨天尤人;但如果你遭受了挫败,失去

信心的时候，要想想自己的大多数行为都是合乎人性的，应该爱自己，从头再来。热爱你正在恢复的本性吧，去见哲学家时不要像小学生去见老师那样不情愿；而要像那些忍受眼疾的人希望得到一点海绵和蛋清，像那些想求得一块药膏、一次热敷的病人一样。因为你对理性也应该这样地满足，而不要服从理性而故作炫弄。要记住，哲学所要求你的，正是你的本性所要求你的，但有时候你希望得到的却不符合自然之道。还有什么比遵从自然更令人愉悦的呢？纵欲享乐才导致你犯错，这不正是诱因吗？想想看，心胸宽广、卓立独行、朴素无华、慈悲为怀、正直忠诚，这些不是更令人愉悦吗？当你运用理解力和知识解决问题时，内心会是多么的充实和快乐！还能有什么比智慧本身更令人幸福呢？

9. 事物的真相总是以这样的方式存在，它隐藏在迷雾的背后，以至于很多哲学家，甚至是杰出的哲学家都认为已经超越了他们的理解力；就连斯多葛派哲学家也认为，它们难于理解。我们的一切感官印象不见得完全都对，再说哪里会有从不犯错的人呢？看看那些我们感受到的事物吧：它们表现得多么短暂，多么卑微；多么容易沦为胆小鬼、娼妓、强盗之流的财产啊！再看看和你一同生活的人们，其中最有修养的都是令人难以忍受的，更不必说那些自己都忍受不了自己的人了。一切都是如此的黑暗和肮脏，时间之河在永无停息地流动着，事物也在随之消逝；人的一切行为处于变幻之中，看不出这期间有什么是真正值得我们尊重，并且认真去追求的东西。相反，一个人有义务宽慰自己，心平气和地等候着生命的自然终结，身躯的解体。不必因迫不及待而心生烦恼，要让心里始终装着两个信念：第一，凡是与宇宙自然之道不相和的事物，必定不会降临到我的头上；第二，凡是与我内心的神灵相违背的事情绝不会去做。这是我的权力，没有人能逼迫我去拒绝它。

10.“我目前是如何支配我的灵魂的,出于什么目的?”无论什么时候都必须这样问自己,自我反省:我自己身上的一部分是所谓理性的,对于我身上的这一部分我正用它来做什么呢?现在占据我的这个灵魂是怎样一个灵魂呢?是幼童的灵魂还是青年的灵魂?是妇人的灵魂还是暴君的灵魂?是家畜的灵魂还是野兽的灵魂?

11.大多数人所认为的好东西,究竟是什么?你可以从下述的这些现象中发现。如果一个人将智慧、节制、公正、勇气等都看做是好的;如果他心里装的都是这些,那么,他就不屑于去听“只因他富甲一方”之类的诗句,因为这些话与真正好的事物毫无关联。但若是有人一开始就看重那些多数人认为好的东西,那他肯定是乐于欣赏喜剧作家的喜剧,并会欣然接受。即便是连平常人也能看得出其中的差别,否则,这种玩笑话在前一种人听来便不会觉得厌恶而不愿意去听,反而我们却认为是适当的有关升官发财、功名利禄之类的俏皮话呢。那么,接着问问我们自己,凡是可以利用诗人这句“只因他富甲一方,以至于无处可以安身”的诗来讽刺喜剧作家笔下的那些人;凡是他们所拥有的东西,如果我们对此有了清醒的看法,是否应该对此大加赞赏并认为它们是好的呢?

12. 我由形式和物质构成,这两者都不会消失或不存在,因为它们也都不是从虚无中生出来的。所以,组成我的每一部分都在不停地演变,成为宇宙的一部分,再转化为宇宙的另一部分,如此循环往复得以永恒。我之所以存在,也是靠这个变化过程,我的父母也是如此,向前可以无限地追溯下去。没有什么能阻止我们这样说,尽管宇宙的支配的确存在一定的周期,不过变化是绝对的。

13.无论就其本身还是它们的工作而言,理性以及使用理性的技艺都具有自己的天赋。从属于自身的既定的原则出发，向着目标坚定不移地前进；这就是为什么遵从理性的行为被称为正确的行为，这意味着他们正朝着正确的道路前进。

14. 对于那些不符合人本性的事物，不应该是只属于人的。它们不是人所需要的，也不是人的本性所包括在内的，对于实现人性的完满也无益处。所以说，人生的目标既不应该放在这些不符合本性的事物上面，那有助于实现人生目标的东西——善，也不应该放在这些事物的上面。此外，如果这些事物中有什么是利于人的，那么，轻视和抗拒它就是不对的，不愿接受它的人也就不值得赞扬；如果这些事物的确是好的，那么，放弃了它们的人也就很难说是好人。不过，现在，如果一个人失去了这些事物，或者说被剥夺了，他越能忍受这样的损失，就越能证明他是一个好人。

第九章　良好的动机，良好的行为

1. 追求不可能的事情便是疯狂，但恶人做事就是如此疯狂。

2. 一个人天生无力承担的事情，不可能会降临在他身上。同样的事情发生在另一个人身上，或许是因为他没有意识到，这些事情的降临是为了故意表现一种承担的勇气；他坚持不移，竟然毫无损伤。愚昧无知与虚荣自满居然比智慧更有力量，这是令人羞惭的。

3. 事物本身无法支配灵魂，它们既不与灵魂相通，更不能改变它、驾驭它；只有灵魂本身才能支配它自己，并能确保所作的任何判断都是它认为正确的、有价值的，然后依据判断对所控制的事物做合适的安排。

4. 从某一方面来看，他人与我们关系最为密切，因为我们要容忍他们，为他们谋福利；但他们当中如果有人阻止我履行义务，那这些人就与我毫不相干了，在我看来就和太阳、风或者一头野兽差不多。这些人可能会阻碍我做这样或者那样的事情，但他们却无法改变我的思想和性格，因为我能够在不同的情况下站在我的立场上处理事情。由于思想能改变那些阻碍的事物，使它们成为有利于实现目标的动力，所以，原本有障碍的道路就平顺了。

5. 要尊重宇宙中最强大的力量，正是运用这种力量，才能掌控、引导着世间万物。同样，也要尊重你内部那个最强大的力量，因为它和前者具有相同的性质，它控制着你的一切，你的生命也受它的支配。

6. 那无损于国家的东西必定也无损于公民。每当你觉得自己受了伤害，应该这样想：如果国家不会受到损失，那么我也不会有什么损失；即使国家确实受到损失，也不要对这个犯错的人发怒，而要让他明白自己错在哪儿了。

7. 想想那宇宙中的万物，你不过是其中极其微小的一部分；想想那宇宙的时间，你拥有的也只是其中的一个瞬间；再想想那命运的安排，属于你的那一份又是多么微不足道！

8. 有人对我做错事了吗？那是他的事情，他有自己的脾气、自己的行为。宇宙的本性安排给我的，我都拥有了；我的本性要求我做的，我也正在做。

9. 要作你灵魂主宰的理性，不可被肉体的任何活动所干扰，无论那是快乐还是痛苦；不要将肉体和灵魂混在一起，要让灵魂把自己限制起来，让那些感情只限于肉体的范围之内。不过，要是这些自然存于体内的感情，这些与肉体统一的感情，突然间无形中进入了灵魂，那么也无需强行抵抗，因为那是自然的。要注意的是：不要让你主宰的理性参与判别这些情感的善与恶。

10. 与神灵为伴。一个人要不断地向神灵表明，他的灵魂对分派给他的命运如何心满意足，如何遵照神灵的意愿认真行事，因为那是宙斯赐给每个人,主宰我们、指导我们的神灵。这样的人就是与神灵生活在一起的,所谓的神灵便是我们每个人的理解力和理性。

11. 遇见有狐臭的人,你会对他发怒吗?碰到有口臭的人呢?生气又有什么好处呢?有这样一张嘴,有这样的腋窝,气味难闻是很自然的。你也许要说:“是啊,但人是有理性的,只要好好想一下,就能发现这是如何地招人讨厌。”我祝贺你,你也有理性。那么,运用你的理性就可以激发他的理性,指明他让别人讨厌的地方,并告诫他:如果他肯听取你的告诫,你就可以医治他,无需发怒。因为你不是演员,也不是妓女。

12. 你可以决定什么时候离开,也可以决定继续活下去……当然,你有权在尘世之上生活。但如果有人不想让你活了,那你便到了脱离生活的时候了,仿佛你一点都没有受到什么伤害;就好像觉得屋子里烟雾太浓,我得出去一样。为什么要以为这是多么麻烦的事呢?但如果没有什么正当的理由让我离开人世,我就留下来自由自在地生活;没有人能阻止我做出这样的选择,而我所做的都会遵照社会和人的本性。

13. 宇宙的理性是为一切事物谋利。所以无论如何,它安排的低等事物是为高等事物而创造的,高等事物之间又彼此相宜。你看,它使一切事物高下有序、彼此协调、各得其所,所有适合相处的事物都能和谐与共。

14. 迄今为止,你是怎样对待神灵、父母、兄弟、儿女、师长、导师、朋友、同胞和仆人的呢?你敢说直到今天,你对这些人实实在在是“没有做过一件错事,没有说过一句冒犯的话”吗?想想那些你经历过的酸甜苦辣,你忍受过的艰辛屈辱;你的生命现在即将走到尽头了,你自己的职责也快要履行完成。回首以往,你曾经见过多少壮丽的景色,对多少人世的

苦乐悲欢嗤之以鼻，对多少雄心壮志无动于衷，又对多少居心叵测待你的人总是以德报怨？

15. 为什么无知、粗野的灵魂会使有修养、有知识的灵魂感到惶惑不安呢？什么灵魂才是有修养、有知识的呢？它应该能洞察事物的始终，能懂得那统摄万物理性之所在，而且知道这理性能支配整个宇宙循环往复以至永生。

16. 快了，你很快就将化为一堆灰尘、一具骷髅，只剩下一个名字，甚至连名字也留不下来；因为人的名字只不过是一种声响和遥远的回声。我们生前最看重的事物实际上都是那么的空虚、易逝、微不足道；我们不过像一群在互相撕咬的小狗，像哭笑无常的幼童。但是忠诚、谦逊、正义和真理,已经从这尘世飞向了众神居住的奥林匹斯山。

那么,还有什么使你留恋这尘世呢?如果说我们感知的对象极其易变,从不停歇,那我们的感官就会迟钝无比,极易陷入错误。我们那可怜的灵魂也不过是从血肉之中升华出来的一缕青烟,而尘世间的名声荣耀不过是一场虚幻。那该怎么办呢?安心从容地等待你的人生结局吧,不管死后是彻底地灰飞烟灭还是移往另一世界。但是,在结局未到之前,应该怎么做呢?敬仰神灵,对人行善,宽容忍耐并严于律已,除此之外还能做什么呢?要记住,凡是一切超出你的血肉之躯所能支配的事物以外,都是非你所能控制的。

17. 如果你循着正确的道路前行,思想行为都不脱离正道,你的生活就会过得舒适惬意。无论神灵还是人或者任何理性动物的灵魂,都有两个相似的特点:彼此互不干涉,坚持正义,行事公道,懂得控制私欲而不妨害公道。

18. 如果这不是我的罪过,也不是我的罪过导致的后果,而且公共利益也丝毫没有受到损害,那么我为什么要烦恼呢?公共利益的损害又是什么呢?

19. 不能全然被你的感官印象所迷惑,按照他们应得的,尽你所能去帮他们,无论他们的损失有多小。如果在无关紧要的事物上遭遇挫败,也不要以为自己受了多大伤害,那不是一个好的习惯。像那个舞台剧中的老人,在即将离开人世时,还向他的义子索要陀螺,虽然明白那只不过是一个陀螺而已。

20. 你可以用这种戏剧化的方式在表达你的同情时说:人啊,你忘记了这些其实是什么东西吗？“是的，因为大家的关注，这东西才显得那么重要。”难道为了这些东西，你也要跟着大家变成傻瓜吗？“好久以前我也是个幸运的人，不过不知何时我失去了那份幸运。”所谓幸运，就是拥有一份好运气，而好运气无非来自于神灵赋予的好的灵魂、好的动机、好的作为。

第十章　尽你的责任

1. 宇宙的本质都是服从和顺应的，支配它的理性是无意为恶的。因为它没有恶意，不作恶，也不会有任何事物被它伤害。世间万物都是根据这一理性创造的，并按它的要求而日臻完美。

2. 如果你能一如既往地履行自己的职责，那么不论你是冻得发抖还是倍感温暖，昏昏欲睡还是睡眠充足，被人恶意中伤还是受人称赞，生命垂危还是忙于其他的事，对你来说，这些都没有什么区别。因为死亡也是人生中的一件事，所以在死亡之前，我们只要把我们手头的事情做好就足够了。

3. 要深入地看待每一个事物，不要忽略任何事物的特质和它的价值。

4. 一切现存的事物不久就会发生变化，它们或者是化为水蒸气，如果宇宙万物都是一个整体的话；或者它们被分散。

5. 支配万物的理性知道自己的意向是什么，知道该做什么，依赖什么物质起作用。

6. 最好的报复方式就是不要变得和作恶的人一样。

7. 在一件事情中得到快乐，并且从中获得内心的安宁：即乐于为大众服务，虔诚地思考着神灵。

8. 控制的法则能使自身奋起，并能改变自身：它能使自己以任何形体存在，同时也使万事像它所希望的那样发生。

9. 每一个事物都是依照宇宙的本性来完成的，而不是依照其他任何本性——既不是宇宙之外的、包括了宇宙本性的本性，也不是包含在宇宙本性之内的，或者其他外部的、独立于宇宙本性之外的本性。

10. 宇宙或者是一片混沌，是万物的聚合离散；或者是一个有规律、有远见的统一体。如果说是前者，那为什么我总期望留在这杂乱无序的世界里呢？除了关心自己最终会化为尘土之外，我又为什么还要关注其他的事情？不管我要做什么，都难免归于尘土，可我为什么会不安呢？然而，如果说后者是正确的，我便充满崇敬、坚定，相信那控制一切的力量。

11. 当你为周遭环境所迫而心烦意乱时，要让自己尽快恢复到正常状态，不要继续停留在烦躁之中；只要你不断地恢复到本真的自己，你就能获得超越和谐的支配力量。

12. 如果你同时拥有一个继母和一个生母，你必须孝敬你的继母，也要常常回到你的生母身边去。宫廷和哲理现在就是你的继母和生母，经常回味一下哲理并在那里获得安宁，只有这样，你才可以容忍在宫廷中遇到的事情，而宫廷也能容忍你。

13. 多数人赞美的事物，往往是一些最为普通的东西，它们通过内在的凝聚或自然的组合结为一体，例如，石头、木材、无花果树、葡萄藤、橄榄树等；而那些具有较多理性的人则崇拜那些因为某种生存法则而聚在一起的事物，例如，羊群或兽群。而比这些人更加有理性的人则赞扬那些由某个理性的灵魂积聚在一起的事物，然而这个理性并非普遍意义上的灵魂，而只是在擅长某种艺术，或精通某些技艺，或者仅仅是占有一些奴隶等方面，他才是理性的。但是那些重视理性灵魂的人——一个普遍的适合政治生活的灵魂的人除了这样的事以外，他不关心任何事情。无论在什么环境下，正在从事什么活动，他都必须保证自己的灵魂遵从理性并符合社会生活准则，并和他同类的人合作来达到这一目的。

14. 一些事物忙着来到世间，另外一些则忙着消逝；而那些正在出生的事物，有些部分也已经消亡。运动和变化不断地使这个世界翻新，正如那无尽的时间激流总是在不断地更新着无限持续的时代一样。在这奔流不息的潮流中，一切事物都转瞬即逝，哪还有什么值得人珍视的东西呢？这就如一个人刚刚爱上飞过他眼前的一只飞鸟，但它却已经迅速地消失在他的视线外了。我们每个人面临的生活也是这样的，就像大气蒸发和呼吸空气一样。无论什么时候，我们刚刚吸入的空气又得再呼出去，人生也是这样，昨天、前天你出生的时候从宇宙中得到的一切，也要放回到他原来的地方去。

15. 向上，向下，向四周旋转，各种元素都在运动着。但是美德的运动不在此列：它是一种更加神圣的东西，以一种几乎不可察觉的方式沿着自己的道路快乐地向前行进。

16. 人的行为是多么奇怪啊！他们从不赞美自己的同代人、和他们一起生活的人。然而，他们却非常重视后人的赞美之词。他们从来没有见过这些人，或永远也不会见到，这就像你因为没有得到前人赞美而感到悲伤一样可笑。

17. 如果觉得你自己很难完成一件事情，不要以为别人也不可能完成；但是如果什么事对别人来说是可能的，而且合乎他的理性，要认为这也是你能达到的。

18. 在竞技活动中，假如有人用指甲划伤了你，或是撞到了你的头，使你受了伤，不要烦恼，不要认为我们被冒犯；我们注意他时，不要拿他当敌人，也不能怀疑他，而是心平气和地避开他就可以了。在生活中遇到类似的其他事情，也要这样做。就像在竞技场上包容对手那样包容别人。就像我所说的，避开他们就可以了，不要有任何怀疑和仇恨。

19. 如果有人能证明我的想法或行为是错误，我会高兴地做出改变；因为我是在追求真理，没有人会受到真理的伤害，但是那些保留自己的错

误和无知的人是会受到伤害的。

20. 我履行自己的职责:其他的事物不能使我烦恼。因为它们或者是无生命的,或者是没有理性的,或者是迷失方向、不明白道路的存在。

21. 对于那些没有理性的动物或事物,因为你有理性而它们没有,所以你要慷慨大方地对待它们。但是对人来说,你有理性,你就要以一种友爱的态度来对待他们。不管什么时候,都要遵循神的旨意,不要为花多长时间而烦恼,那样的话,花三个小时就足够。

22. 马其顿的亚历山大和他的男仆死后被带到同一状态中,因为他们或者是都回归到宇宙繁衍生息的规律中,或者是都被分散到无数个原子中间去了。

23. 想一想,在不可划分的同一时间里,有多少与我们的灵魂和身体有关的事情在发生啊！所以，同样在这短短的一瞬，要是有更多的事物存在，或者有存在于宇宙整体内的一切事物，你也不要惊讶。

24. 如果有人向你提出这样的问题：安东尼这个名字怎么拼写？你会不厌其烦地说出每一个字母吗？如果他们生气了，你也会生气吗？你会失去冷静而不为他们拼写每一个字母吗？生活也是这样的，你要记住这一点，每一个义务都是由某些部分组成的。你要好好地履行自己的职责，不要受到别人的干扰，或是愤怒地对待那些让你生气的人，继续做以前安排好的事就行了。

25. 不让人追求那些对他们来说是符合他们本性、并对自身有利的事物是多么残忍的事啊！你因为他们做错了事而愤怒，以某种方式不允许他们这样做。他们之所以会这样做，是因为他们觉得那合乎他们的本性，对他们有利——但是事情并不是这样的—— 那么，你应该心平气和地教育他们，而不要愤怒。

26. 死亡就是人的感官不再从外界获取各种印象，人不再受各种欲望的驱使，头脑里也不再有不着边际的想法，而肉体的服务也就此结束。

27. 在生活中，灵魂先于肉体屈服，那是一件可耻的事。

第十一章　让我们的灵魂不受干扰

1.“我”是由一个小小的身体和灵魂构成的。现在,对于这一个小小的身体来说,所有事物都是漠不关心的,因为它无法觉察出它们之间的差别;但对心灵来说,只有那些不属于自身活动之内的事物才是漠不关心的。而只要是它自身的行为,都是受自身支配的。然而,即使事物与心灵相关,那也只能是与现在的事物相关。它过去和未来的活动则是毫不相干的。

2. 无论是手痛还是脚痛,只要脚还能做脚的工作,手还能做手的工作,那就不是违反自然的事情。因此一个人的痛苦只要不妨碍他做一个人该做的事,那也不是违反自然的事情。既然是不违反自然的,那对他来说就不是罪恶了。

3. 多少快乐是由那些抢劫者、弑父者、暴君在享受。

4. 难道你没有注意到吗?手艺人虽然在一定程度上适应那些门外汉——但却始终坚持他们做手艺的原则,决不允许有丝毫偏差。建筑师和外科医生也比人尊重自己的理性(他和神灵共同的理性),更尊重他们各自的从业原则,这不是很奇怪的事吗?

5. 亚细亚、欧罗巴都只不过是宇宙的一角:所有的海洋也只是宇宙中的一滴水;阿陀斯山不过是其中的一块土;现在也只不过是永恒时间中的一个点:一切事物都是渺小的、易变的、容易腐烂的。所有的事物都直接地或间接地来自于一个源头——主宰一切的宇宙法则。因此,狮子张开的大嘴、有毒的物品,以及一切有害的东西,例如荆棘、泥泞等都是伴随着那宏伟、美好的事物一同产生的副产品。不要把这些看成是与你所崇敬的事物截然不同的东西,而是对所有事物的源泉形成一个正确的看法。

6. 那些看见了现在事物的人,便是看见了一切:看到了亘古以来和未来无限延续的一切事物,因为所有事物性质相似,属于同一形式。

7. 常常想一想宇宙间所有事物之间的联系和相互依存的关系。从某种意义上说,所有事物都是相互联系的,因而也是彼此友善的;事物都是依次在另一事物之后出现,那是由积极的运动、相互协作以及物质的统一性造成的。

8. 要让自己适应你命中注定的事物,要爱注定要和你生活在一起的人,忠实地、真诚地这样做。

9. 每一种器械、工具、器皿只要是发挥了它被制造出来的作用,那就是好的;即使制造它的人并不在场。而在那些由自然合成之物的事物里面,造就它们的力量却永久地停留着;所以,你应该更加尊重这种力量,并且要相信如果你能按照它的意志去生活、去行动,你所做的一切就都是合乎理性的;同样的,宇宙间的一切受制于它的事物也是合乎理性的。

10. 那些在你能力范围之外的事物,如果你随意判定它们的好坏,那结果必然会是这样:如果有什么坏事降临到你身上,或者是你错过了一件好事,你就会责备神灵,或怨恨那让你遭受不幸或损失的人,或那些被你怀疑可能是导致你不幸的人;事实上,我们做了不公正的事,是因为我们在这些事物之间作出好与坏的区别。但是,如果仅仅只在自己能力范围之内判断事物的好坏,那我们也就不会挑剔神灵,或是对别人怀有敌意了。

11. 太阳会承担降雨的工作吗?艾斯库罗斯承担五谷之神的工作吗?那么,各个星辰又是怎样的呢?它们各不相同,不还是共同致力于完成一个目标吗?

12. 对于每一个人,无论发生什么样的事情,都是为了整个宇宙的利益,这或许就足够了。然而,你进一步观察,并把它当作普遍真理:凡是对一个人有利的事物对其他的人也是有利的。但是我们应该从广义上来理解“利益”一词:即事物本身既没有好也没有坏。

13. 就像在圆形剧场或类似的地方看演出,会有这样的情况,如果总是上演同样的剧目,一成不变,那么,再好看的表演也会使人厌倦。人生也是这样,亘古至今,所有的事物从上到下都是一样的,从同一个地方来。那么,人生又会有多长呢?

14. 当你想让自己高兴时,想想同你一起生活的人的优点吧,例如,想想这个人的积极,那个人的谦虚,第三个人的慷慨,第四个人的什么别的高尚品质。许多优秀的品质在你身边的人身上展示,并呈现在我们面前,没有什么比这更能让人倍感愉悦的了。因此,一定要让它们永远围在我们身边。

15. 我猜想你不会因体重只有若干磅——或不足 300 磅而心怀不满。那么,也不要为你的寿命只有这么长,而不是更长而不满;正如你满足于上天给你的重量，你也应该满足它给予你的时间。

16. 让我们试着去说服别人，即使违背他们的意志，还是要秉承正义的原则去做。然而，如果有人以武力阻挠你，你也要冷静地对待，这样，你就会因为别人的阻挠表现出你的另一种美德。要记住，你的追求是有限制的，不去做那些不可能的事。那么你渴望什么呢？某些像这样的努力，就是努力去完成你该做的事，这就达到你的目标了。

17. 热爱名望的人把另一个人的行动看作是对自己有好处的；爱好享乐的人则把另一个人的行动看作是对自己的感官是有好处的：只有有理智的人把自己的行为看作是对自己有利的。

18. 我们有权力对某件事不发表自己的意见，使我们的灵魂不受干扰。因为事物本身没有强迫的力量使我们形成某种判断。

19. 使自己习惯于细心地倾听别人说话，尽可能地深入到说话者的内心里去。

20. 对整个蜂群无益的，对一只蜜蜂也是无益的。

21. 如果水手连舵手都骂，病人连医生都骂，那他们还会听别人的话吗？那么舵手又怎样确保船上旅客的安全，医生又怎能维护他所诊治的病人的健康呢？

22. 和我一起来到这个世界的人，有多少已经离开了人世！

23. 得了黄疸肝炎的人即使吃蜂蜜也会感觉是苦的；被疯狗咬了一口的人，即使是水也让他恐惧万分；对小孩来说，一只球也是很好的东西。那我为什么会这么生气呢？难道你认为一个错误的观点不如黄疸患者的胆汁或狂犬病人的毒液有力量吗？

24. 没有人可以妨碍你按照自己的天性去生活，也不会有任何违背自然之道的事情会降临到你头上。

25. 那些使得众人都想取悦他们的人是什么样的人？他们巴结这些人的目的是什么呢？又会采取什么手段呢？时间很快会把这一切吞没，而且，它已经吞没了多少东西啊！

第十二章　按照本性做事

1. 什么是恶？恶是你司空见惯的事物。不管发生什么事情，都把这牢记在心：它是会经常见到的事物。你将在上上下下所有地方都发现同样的事物，这同样的事物充斥着我们过去远古的、中古的、近代的历史，也充斥着现在的城市和家庭。它并不是什么新的事物，而是我们所熟悉的事物，并且短暂易逝。

2. 我们的原则怎么能消亡呢？除非那符合于它们的印象（思想）熄灭，它是不会消亡的。但是，不断地把这些思想的火焰越煽越旺是在你的力量范围所能做的。我对任何事情都能得出正确的看法。既然能够做到这一点，那还有什么可烦恼的呢？那在我的心灵之外的事物与我的心灵没有任何关系——只要达到这一点，你就能够昂首站立，就可以为你的生命再次注入新的活力。只要用你以往观察事物的眼光重新看待事物，你就会发现新生活即在其中。

3. 无聊的赛会，舞台上的表演，羊群、兽群、武术表演，一根骨头投向小狗，一点面包屑撒在鱼塘里，蚂蚁的搬运和劳作，受惊小老鼠的仓皇逃跑、线牵的木偶，诸如此类。那么，你碰到这一切的时候，你应该表现出迁就，而不是无端的轻蔑。无论如何，你要懂得每个人都是有价值的，每个人的价值和他感兴趣的事情的价值是相等的。

4. 在谈话中你必须留意所说的话，在任何活动中你都必须观察所做的事。前者要迅速地把握其中所要指向的目的，而后者则应当仔细观察事物所代表的意义。

5. 有多少备受赞扬的英雄被人遗忘了，又有多少赞扬他们的人也在过后与世长辞。

6. 不要因被人帮助而感到羞愧，因为你应该像那受命攻城的士兵一样不辱使命。在那样的情况下，如果因为你瘸了腿而无法自个儿走上战场，但是靠另一个人的帮助就可以，你该怎么办呢？

7. 不要被将来的事所困扰，因为如果那要发生的都是必然的话，你将会理性地对待它们，就像你理性地对待现在的事物一样。

8. 一切物质的东西不久就要在宇宙的实体中消失，一切形式的东西也很快要回到宇宙的理性之中，对一切事物的记忆也会很快被时间吞没在永恒中。

9. 不管别人说什么、做什么，我自己必须要做好。就像是在对黄金、绿宝石或紫袍时，总是这样说：无论别人怎么说、怎么做，绿宝石还是绿宝石，它仍然会保持着与生俱来的光彩。

10. 所有物体穿过宇宙的实体，就像通过一条奔腾的河流，它们按照各自的本性与整体相互统一、共同协作，就像我们身体各部分的统一与协作一样。想想有多少个克里西普，多少个苏格拉底，多少个埃庇克太德？他们都已经被时间吞没了。让我们以这同样的思想来看待每一个人和每一件事。

11. 只有一件事让我担忧，那就是唯恐自己做出身为人而不能做的事情，或者是以它不允许的方式做出，或者是在它不允许做的时候做出。

12. 当你对所有事物产生遗忘的时候，那你被所有人忘记的时候也会随之临近。

13. 能关爱那些做错事的人也是难能可贵的品质。如果当他们做错事时，你要想到他们是你的同胞，他们做错事也是一时疏忽，并非故意，而且你和他们最终都要死去。更重要的是，做错事的人没有造成任何伤害，而他们也并没有使你的支配能力变得不如以前。

14. 主宰着宇宙的理性不久将改变你见到的所有事物，而在现存的事物中也会有新的事物产生，这样让事物不断更替、循环往复，世界就会每一天都是新的。

15. 当一个人对你做了什么错事时，你应该迅速想到，他是抱着一种什么样的善恶观做了这种错事。因为当你弄清楚了他的善恶观，你就会原谅他，既不惊奇也不恼怒；因为你自己对善恶观的见解正和他相同，那么，宽恕他就是你的义务；但如果你并不认为他做的这些事情本身有善恶之分，那你就更应该宽恕那犯错误的人。

16. 不要老是梦想你没有的东西有一天会拥有它们，而要想着你认为最好的东西，然后思考如果你还没有得到，你是多么渴求它们。无论如何都要注意，不要因为拥有它们而过于高兴，不要沉迷于它们，否则就会使你在没有得到它们时感到烦躁不安。

17. 过一种离群索居的生活吧！那支配的理性原则有这一本性，当它做正当的事而确保内心宁静的时候，就会满足于自身。

18. 不要沉溺于幻想，也不要像木偶一样受它们的牵引。把自己控制在当前的生活，好好地理解发生在你或是别人身上的事情，把每一物体剖析为形式和物质；想着你最后的时刻，让一个人所做的错事定格在那一刻而不去计较。

19. 用淳朴、谦虚以及对与美德和恶行无关的事物的冷淡来装饰你自己。热爱人类，遵从神灵。诗人说——法则统治着万物——记住这一点就足够了。

20. 关于死亡：它不是一种灭绝，就是一种原子的分解，不管是原子的分解还是灭绝，总之是在变化。

21. 关于痛苦：那不可忍受的痛苦几乎会夺去人的性命，而那长期持续的痛苦反倒是可以忍受的。如果能把心灵收敛，并保持着它的宁静，支配的能力并不因此受损害。至于被痛苦损害的各部分，如果它们可以，就让它们表现出痛苦吧。

22. 关于名声：看看那些追求名声者的内心，观察他们的特征，他们避开什么事物？他们追求什么事物？想想那海里不断冲积起来的沙总是把以前淤积的给掩埋，所以在生命中也是一样，先生的事物迅速被后来的事物所掩盖。

23. 引自柏拉图：你以为一个有了高尚的灵魂，并能观照全部时间和整体的人，他会认为人的生命是一种伟大的东西吗？那是不可能的，他说——同样一个人也不会把死亡看做是可恶的——绝对不会。

24. 因事物而自寻烦恼是不明智的，因为它们并不会对你作出任何反应。

25. 不朽的神灵将带给我们快乐。

26. 生命必须像成熟的麦穗被收割一样，一批倒下，另一批又将诞生。

27. 如果神灵不眷顾我和我的孩子，这样做自然有这样做的理由。

28. 因为公道与善良与我同在。

29. 不要跟随别人恸哭,不要过于放纵自己的感情。

30. 柏拉图说得好:要考察人们的天性,也应当是仿佛从某个更高的地方俯视尘世间的一切,应当从人们的聚集、军事、耕作、婚姻、谈判、生死、法庭的吵闹、沙漠的荒芜、各种野蛮民族、饮宴、哀伤、集市去考察,各种事情纷纭陈杂,却又不失秩序地联系着。

31. 想想以往旧事——多少朝代兴衰更替。你也可以预见将要发生的事情,它们肯定还会有相似的形式,因为它们不可能偏离现存事物的秩序轨道。所以,我们所能思考的人类生活不管是四十年还是一万年,都是相类同的。难道你还期望能看到更多的东西吗?

32. 那从地里生长的东西要回到地里,而那从神圣的种子诞生的,也将回到天国;这要么是相互紧密结合在一起的原子的最终分解,要么是类似于无知觉元素的消散。

33. 带着食物、酒水和魔咒巫术,通过那死亡狭道投奔生路,而天国制造的风雨,我们必须忍耐,无怨无悔地承受。

34. 有人可能更善于摔倒他的对手,但是他不见得就更富于服务精神和具有谦恭的态度,或者他不见得能够随机应变地处理所有发生的事情,也不一定能慎重地对待他邻人的过错。

35. 不管做任何工作,只要是能符合于神和人的理性做出的事情,就没有什么是值得我们害怕的。因为只要是我们所做的合乎理性,我们朝着正确的道路前进，就必定能得到自身的福利，也不会有任何伤害，这是无需疑问的。

36. 在任何场合的时候，你都要从内心深处清楚地认识你现在所拥有的条件，虔诚地默认你现在的条件；要公正地对待你周围的人，谨慎地完善你现在的思想，提防那些你还没有完全把握的念头混进你的思想。

37. 热爱那仅是你所遭遇的一切事情，还有只为你而纺织的命运之线，此外还有什么比它们更适合你的呢？

38. 仔细考察你的内心，那是善的源泉，如果你去挖掘，它将汩汩地涌出。

39. 身体应当紧密结合，无论是在活动中还是在姿态上都不表现出任何不和谐之处。因为心灵通过面容表现的理智和庄重，也应当在整个身体上有所体现。所有这些事情都应当自然流露，而不该带有丝毫矫揉造作的痕迹。

40. 在这方面，生活的艺术更像角斗士的艺术而不是舞蹈者的艺术。所以，人生在世应当坚定地站立，准备着应对各种突如其来、无法预料的攻击。

41. 总是注意那些你希望得到他们褒奖的人，看看他们都有怎样的处世原则。一旦你了解了他们产生各种动机的根源，如果他们无意冒犯了你，你也不会谴责他们，也不会想要得到他们的褒奖了。

42. 哲学家说，每一个灵魂都不是故意要违背真理，因而也同样不是故意地偏离正义、节制、仁爱和诸如此类的美德。你有必要将这一点谨记在心，因为这样你将会更加和善待人。

43. 在任何痛苦中都要有这样的想法，即有痛苦并不是耻辱，它并没有损害我们把舵的心灵；痛苦也不会减损我们的理性以及对社会利益的关注。不过，在大多数的痛苦中，想想伊壁鸠鲁的这些话是有帮助的：一种痛苦永远不会是不可忍受或永不休止的。你要记住它是有限度的，我们不可以任意扩展它；同时也记住这一点，我们并没有觉察，在日常生活中有许多令我们不舒服的事情也属于痛苦的范畴，像瞌睡、燥热和没有胃口。然后，当你对这些事情不满时，你就对自己说：我是在遭受痛苦。

44. 注意，有些人是薄情寡义的，但你不能像他们对待别人那样对待他们。

45. 在支配心灵的最大宁静中生活下去，你可以不受任何束缚，尽管全世界都在叫嚣着反对你；尽管野兽把裹着你的这一躯壳的各个部分撕成碎片。对于那些让你心灵失去宁静的东西，那些阻碍心灵对所有周围的事物作出正确的判断的东西，以及那些阻止心灵有效支配周围一切事物的东西，你的判断力依然会说：无论别人怎么说，你在本质上不过如此。心灵可以利用它所能支配的事物，因此它也可以对它所要面对的事物说：你是我正在追求的，因为对于我来说，那出现在我面前的事物无一不是可以用于理智的和公众美德的物质。一句话，这是可以用于那属于人或神共有的技艺。我们周围发生的一切事情都或者与神有关，或者与人有关，绝非是难以应付的新事物，而是我们司空见惯且容易处理的。

46. 要想使道德品格臻于完善，就应该把每一天都作为生命的最后一天，既不刺激情感的大喜大悲，也不麻木不仁或扭捏作态。

47. 不朽的神灵并不因为长期不断地忍受那么多的恶人而感到烦恼，而且神灵还从各个方面关照他们。但是，作为注定很快要死去的人，你为什么还要觉得这些恶人难以忍受而心生厌倦呢？假如你也是他们中的一个会怎样呢？

48. 力求去克服自己的缺点，这是不可能的；总想对别人的缺点指手画脚，试图帮助别人克服缺点，这也是不可能的。这对于一个人来说，是多么可笑的事!

49. 当你做了一件好的事情,别人也会由此受益,为什么要像傻瓜一样奢求什么呢? 想因此得到什么好的名声还是获得回报?

50. 只要是有益的事物,别人都不会厌倦。而按照本性做事本身就是有益的行为。千万不要厌倦做对别人有益的事,自己也获益!

51. 宇宙是由自然的运动而产生的,而现在发生的一切事物,或者是作为产生宇宙的必然结果出现的,或者是置身于宇宙理性原则支配之外出现的,甚或是那宇宙支配力量本身的运动所指向的主要事物也不受理性原则的支配。由此,你将无论经受什么样的困境都会保持心灵的平静。

第十三章　人的心灵是不可征服的

1. 在你的全部生命中，你无法像一个哲学家那样生活下去，至少从你的青年以后的时期没有这种可能。这样的想法就像虚名给你带来的困扰。不管别人还是你自己都可以清楚地看出，你与哲学相隔甚远。所以，你对生活心灰意冷，赢得哲学家的美名已非容易之事，你一生的抱负也不再按照这个轨迹发展。如果你的眼睛确能看出真理之所在，就不要管别人是如何看待你的，只要按照你自己的愿望去度过你的余生，不管是短暂还是长久都应满足。想想你内心真正需要的是什么，不要让其他任何东西干扰你；因为你也明白，你迷途有多么深，却从未寻找到幸福的生活。所谓幸福的生活，并不在激烈的诡辩中，也不在于财富、名誉和享乐，那么它究竟在哪里呢？就在于人性所追求的行事中。人应该怎样做呢？在一切动机和行为中要有原则。什么原则呢？那就是关于善与恶的原则。要相信，如果任何事物不能使人变得公正、有节制、果敢、自由，那么，它对人就无所谓仁慈了；相反，如果任何事物不会使人成为与上述品质背道而驰的，那么，它对人也就无所谓邪恶了。

2. 做任何事情都要问问你自己：这对我会产生怎样的影响？我会不会为之后悔？过不久我就死了，一切事情也将随风而去。如果我目前像一个有理智的、有群众性的人那样做事，遵循与神灵同样的法则，此外更有何求？

3. 试想一想，不管事情有多么坏，他们依然会做那样的事。

4. 最首要的是：保持心态的平和，因为一切事物皆是按照宇宙的自然之道来安排的，你不久也会逝去，不知所终，就像哈德里安与奥古斯都一样；其次，要全神贯注地做自己该做的事，先沉着地观察并且认识其本来面目，同时记取你必须要做一个合格的人，按照人性的要求去行事，然后勇往直前，不要有任何偏离；此外，发表言论时要和蔼谦逊，不要虚伪。

5. 宇宙的自然之道有其职责，即把这边的东西搬到那边去，让它们改变一下，从它们那里创造出新的事物以作更替。一切事物都在变化、发展着，但是不必害怕有什么新的事物出现。任何事物都是我们所熟悉的形式，而且其分布也是一样的。

6. 就算你无暇或无力去读书，但是你不能放任。你要提防自己变得傲慢，不沉迷于享乐，不陷入痛苦，不爱慕虚荣，而且不为那些愚蠢和忘恩负义的人而感到恼怒，甚至于还要关心他们。

7. 每一种事物的本性，如能按照它固有的轨迹顺利地发展，都会感到满足。理智的人性也可说是进展顺利，如果它在思想上否认任何错误的或含混的东西，能够进行符合社会利益的活动，对于其所能支配的事物有所好恶，对于宇宙自然所安排给它的一份欣然接受。因为人的理性是宇宙本性的一部分，犹如一片叶子的本性是属于树的本性一般；但稍有分别，只不过叶子的本性所归属的植物的本性，乃是一种无感觉、无理智的本性，容易遭受挫折。而人的本性归属于自然的本性，它不容易遭受挫折，具有理智，属于公正自然的一部分。这理性的自然确实是行事公正，它会根据事物的价值、应得的时间、本质、形式、活动力与环境来分配份额，并平等地对待它们。你所要思考的，不是在每一情形之下一种事物是否等于另一种事物，而是从整体上看，这一部分的整体是否等于那另一部分整体。

8. 悔恨乃是忽略了某一些有益的事物而进行的自我责备。而善一定是有益的，应该是真正的好人特别重视的东西；但是真正的好人却忽略了一项，即快乐是永远不悔恨的。所以，快乐既不是有益的也并非善的。

9. 当你睡醒懒得起床时，要想想：只有履行社会职责才合乎人的本性，这是你的本分，而睡觉的本领，就连无理性的动物也与人类共有。对于一切生灵而言，只要做到了顺应其本性，也就是适合他的，便会令人感到愉快，也更容易亲近。

10. 不管遇到什么样的人，都要很快给自己提出这样的一个问题："这个人对于善与恶有什么样的见解?"只要弄明白了他对于享乐与痛苦，美名与恶名，生与死以及与其相关的原因，他的所作所为就不会再令我感到惊讶好奇了。我将心里明白:他是不得已才这么做的。

11. 如果可能，要不断地考察你内心获得的任何印象，不管是借助物理学知识、伦理学知识还是逻辑推理知识。

12. 每一种事物的存在都有其目的——无论是一匹马或是一棵葡萄树。这有什么好奇怪的呢？甚至太阳神都会说："我之所以存在是因为我的职责。"其他的神灵也是这样说。那么，你存在的目的是什么呢？为了享乐？看看这样的想法是否会经得住考验。

13. 要记住，改变自己的主张，接受别人的建议，并不能算是与真正的意志自由相抵触。因为这是你自己的行为，你所做的一切都出于你的动机、判断，甚至你的理智。

14. 凡是丧失生命的东西并不会落到宇宙之外去，如果它依然存留在宇宙间。不过经过变化，最终被分解为各种各样的成分，那也是构成宇宙乃至你自己的元素。这些元素也在变化，但从没有怨诉。

15. 要记住！看无花果树上长了无花果而表示惊讶，就如同是你对世界本来要产生的事物感到惊讶，这两者是同样的荒谬可笑；犹如一个医生对于病人发烧、舵手对于兴起风浪而感到惊讶一样，都是不可思议的。

16. 每一种事物都有开端、延续、终结，在自然看来都是一样的；这就像一个人把一只球抛向空中，球被抛起，有什么好处？而掉下来，落到地上又有什么害处呢？一个水泡膨胀开来有什么好处，破碎又有什么害处？还有闪电也是一样。

17. 仔细审视你的身体，看一看是什么样子。当它变得衰老、微弱，甚至成为死尸的时候，是个什么样子。

18. 生命短暂，赞美者与被赞美者、怀念者与被怀念者都只能存在于短短的时期；一切都发生在这世界里的一个小小角落，虽然每个人不能做到意见统一，却还能和谐共处。整个的世界不过是一个点而已。

19. 对你面前的事物要集中你的注意力，不管是一种行为，或是一个原则，或是一句话的意义。

20. 这确实是罪有应得：因为你选择明天做一个好人，而不是今天就去行动。

21. 我正在做什么？我是想做有利于人类的事。我会遭遇什么事吗？我接受它，并认为那是神灵的旨意，也是来自作为万物所发生的宇宙本原的安排。

22. 试想洗澡时看到的状况——油污、汗垢、泥泞、脏水，这些都是令人恶心的东西——我们的生活中的所有阶段和一切事物都是如此。

23. 一个人若能做人所应该做的事，就会为此而满足。真正的人应该做的事是：友善地对待他人，轻视感官的享受；对似是而非的印象作出正确的判断，对宇宙自然以及其中受此支配而发生的事物的本性作全盘的观察和了解。

24. 你与其他事物之间存在三种关系：第一是与你自己的身体的关系；第二是与主宰人类万事万物的神灵的关系；第三是与你所共同生活在一起的人们的关系。

25. 对于身体，苦痛是一种罪恶——那么就让身体表现出来吧；对于灵魂，苦痛也是一种罪恶。但是灵魂有能力保持自己的平静与安宁，并且不认为苦痛是一种罪恶。因为每一信念、动机、欲望与反感都是来自于内心，而外界的任何罪恶是无法驾驭我们内心的。

26. 要避免沉迷于幻想，永远对你自己这样说：现在我有能力让我的灵魂不掺杂任何邪恶、欲望，或其他使人焦虑的成分；而且通过观察，我能认知一切事物的本性，并可以恰如其分地利用它们——一定要记住，这是自然所赋予你的力量。

27. 无论在元老院里说话，还是对别人说话，都要言辞得体，简明扼要，不作矫饰。

28. 你有责任使你的生活井然有序，并且，如果你的每一行为都能尽可能地达到它的目标，你就可以因此而满足。没有人能阻止你去达到它的目标的行为，但是可能有一些客观因素会妨碍你。不过没有什么能阻碍你公正、合理、审慎地去行事。也许在别的方面，你的活动能力会受到阻碍，那么，你就心甘情愿地接受那个阻碍，并且随机应变地转而去做另一件可能实现的事情，以便有机会达成你又一次公正、合理、审慎地行事的目标。

29. 接受时毫不狂妄自大，放弃时也不踌躇依恋。

30. 如果你看见过一只手或一只脚被割掉，或是从身躯上砍下的头颅，身首异处；那就应当清楚，一个人若是不满于他所遭受的一切，把自己孤立起来，或者行为怪异地做出一些危害社会利益的事情，那么，他也正是同样的尽其所能地在残断他自己。如果你自己和整个自然割裂开来，结果又会是怎样的呢？要知道你原本是自然的一部分，而现在你却让自己脱离了自然。但是，这里有一个奥妙的办法，使你能再回到自然的整体中。我们的器官被砍下来后就无法复原了，因为神灵并没有赋予它们这样的能力；然而人类却得到了神灵的眷顾，使得人类具有何等特别的庄严！它使人类有能力永不脱离整体，当人类离开整体，如果愿意，还可以重新恢复原来的位置，成为整体的一部分。

31. 宇宙本性赋予每一个理性的动物以生命，并使它们拥有全部的能力，所以我们也接受这一能力，那便是宇宙的本性能把遇到的一切阻碍都变成有用之物，并为它安排合适的位置，使其成为宇宙的一部分。同样，理性的动物也能把一切阻碍转化为有利之物并加以利用。

32. 从理性动物的身上，我看不出任何与公道相悖逆的美德，但是我却看出有一种与享乐相悖逆的美德，那便是节制。

33. 如果说是我让自己痛苦，那是不对的，因为我从来没有故意把痛苦带给别人。

34. 每个人都有不同的兴趣爱好。对于我，如果能坚守我主宰的理性，对于人以及人所遭遇的任何事物都能不侧目而视，而是以仁爱的目光看待一切事物，并根据其本身具有的价值而接受和加以利用，这样便值得高兴了。

35. 要把现在看做是自己的。那些追求身后之名的人没有想到，如果是不能忍耐现在的人，也就是不能忍耐未来的人，因为这些都是世俗凡人；如果未来的人发出这样的或那样的声音，或是对你有这样的或那样的意见，与你又有什么关系呢？

36. 如果你遭遇了外界的挫折而烦恼，搅乱你心思的不是这事物本身，而是你自己对那事物的判断。而这判断，你也能随时把它消灭掉。如果你因为自身的性格而感到烦恼，有谁能阻止你为此作出纠正呢？同样，如果你为了没有完成应做之事而烦恼，为什么不尽快地去做，何必徒然烦恼？——但是途中有很大的障碍呀？——那也无需烦恼，因为没有做成并不是你的责任——“可是如果没有完成这件事，活着也没什么意义了。”——那么就痛快地终结生命吧，就像事事如愿的人一样安然死去，并且毫无埋怨地接受那些阻碍你的事物。

37. 永远记住：你的心灵是不可征服的，当它按照自己的意愿行事，如果对不合理的事情绝不会去做，那么你的理性便强大无畏。如果它对某事作出判断而且有理可据，其坚定则更甚于此。所以摆脱了激情的心灵就犹如一座坚固的堡垒，没有什么地方比这堡垒更为易守难攻的了；没有发现这堡垒的人是愚昧无知的，如果发现而不进去安身则是不幸的。

38. 要相信你最初的印象，不必对自己再多说什么！有人告诉你，某人在讲你的坏话。即使有人这样对你说了，你也不会因此而受到什么伤害。我只看到我的孩子病了，并不会产生对孩子性命担忧的印象。永远保持初步印象，不要用内心的臆测去加工它，那么，你便没有遭遇不幸的感觉了。不过要补充一点，你要能洞察世上一切可能发生的意外之事。

39. 行动不可迟缓，言谈不可杂乱，思想不可散漫；不要让你的心灵处于过分挣扎的境地，也不要任意放纵激情，同时还要注意不要过分忙碌。

40. “他们杀害我们，他们肢解我们，他们诅咒我们！”这怎能妨碍你

的心灵保持纯净、平和、清醒和公正呢？试想一个人站在一泓清澈的泉水边咒骂，泉眼依然会汩汩地冒出清凉的水。即使那人把泥巴和污秽的赃物丢进去，它也会很快地把它们冲掉而不受污染。那么，你怎样才能拥有一泓永远流淌的清泉而不是毫无波澜的死水呢？只需随时小心翼翼地引

导你自己进入自由的境界,保持慈善、朴素和谦和。

41. 不要再以你的呼吸能和周围的空气相融合而洋洋自得,要从现在起在思想方面与那“普照万物的理性”融洽相处。因为那理性就像人随意呼吸的空气一样,只要你愿意享用,它是无处不在的。

42. 一般而论,邪恶并不会有损于宇宙,某一个人的邪恶也不会对其他的人造成伤害;邪恶只会损害为恶的人,而他如果愿意,也会立刻从邪恶中解脱出来。

43. 人会怕死,无非是害怕失去知觉或者是产生其他新的知觉。不过,你既然没有知觉,你便感受不到任何的烦恼;你既然是产生另一种新的知觉,你的生命也便产生异样且不休止。

44. 人是彼此依赖而存在的,教导别人,也要宽容别人。

45. 箭有自己的运动方向,心也有自己的运动方向;但是,当心全神贯注地致力于探索时,丝毫不逊于箭,也是一往直前,直奔目标。

46. 洞察别人是如何支配自己的,同时让别人了解你是如何支配自己的。

第十四章 专心致志做你目前的工作

1. 凡做事不公道，就是对神灵不敬；因为宇宙本性创造有理性的生灵，乃是要让他们彼此互助，各按照其价值而交相互益，并非互相残害。如果违反宇宙的旨意，显然是对最高神灵不敬。此外，凡说谎的人也是对神灵不敬，因为宇宙的本质也就是现存万物的本质；现存的万物和未来的事物之间存在着密切的联系，这个本质即名为“真理”，乃是一切事物的源头。

2. 那故意说谎的人是犯下了不敬之罪，因为他的虚伪乃是不公道的；那无意中说谎的人也是对神灵不敬，因为他破坏了整个宇宙之道的协调，扰乱了宇宙自然的秩序。他的行为因违背宇宙本性而与真理背道而驰，因为虽然自然赋予了他分辨真伪的能力，但由于他自己的疏忽，却失掉了这种能力。

3. 另外，一个人追求享乐，把享乐当做善事，避免苦痛，把苦痛当做恶事，这些同样是对神灵不敬的行为。因为这些人必然经常要指责宇宙的本性对善人和恶人处置不公，为何恶人能够享受快乐，所拥有的都让他们心满意足；而善人却只落得痛苦不堪，诸事不顺。而且，畏惧痛苦的人也必定畏惧未来这个世界将要发生的事情，这已经是不敬了；追求享乐的人很难做到行事公正，这也是一种不敬。宇宙的本性是不偏不倚的，按照自然之道行事的人们，对宇宙自然所同等看待的事物，一定也要一视同仁。

4. 如果有人不能以平等的态度看待快乐与痛苦、生与死、荣耀与耻辱等这些宇宙毫无偏袒地造出来的事物，那么，他便是对神灵不敬。

5. 当我说宇宙本性平等地运用这些事物，不是指事物毫无差别地降临在人们身上，它们按先后顺序出现，并通过神性的最初运动而产生；将要出现和已经存在的一切事物都是毫无差别的，其中都存在一系列的因由和结果，其缘起都是宇宙最初的神意主宰。自然按照神灵的旨意赋予万物以生长的能力、变化的能力以及各种交替嬗变的能力。

6. 一个人在离开人世时从未沾染上虚伪、欺诈、奢侈、傲慢的恶习，这当然是最幸运的事了。如果做不到，一个人在受尽了这些恶习的摆布之后能立即结束生命，那么，他也算是走过了一段仅次于前者的不错的旅程了。难道你更愿意与恶行为伴吗？难道你犯错的经验还不足以让你明白避之如毒疫？因为灵魂的堕落比任何瘴疠之气更为恶毒，因为后者对动物而言能伤害身体，夺取性命；而前者对人类有害并影响其一生。

7. 不要蔑视死亡，要学会欣然接受，因为这也是自然之道所决定好的事情。解体乃是自然界的一个过程，与你一生中各个季节都是有关联的，就像从年轻到逐渐衰老，慢慢成长直至成熟；从长出牙齿、胡须到白发苍苍；从受孕、怀胎到呱呱坠地，这些都是你生命每一阶段自然发生的事情，生命的终止和消亡也不例外。

8. 那么，作为一个服从理性的人，便不应该对死亡怀着冷漠、焦虑或轻蔑的态度，应该把它当成自然发生中的一个过程来看待，等待着它的来临；你的灵魂将脱壳而出，就像等待着婴儿从妻子的子宫里分娩出来一样。

9. 但是，如果你还需要一种心灵上的慰藉，那么看看自己将要离开的事物，想想自己的灵魂不再牵涉别人的道德，你便能欣然接受死亡。

10. 厌恶他人固然是不对的，应该关心他们，善待他们。但是如果能想想你离开的并不是与你志同道合的人，死亡便不再那么难以接受；因为如果还有什么使你留恋不舍，那便是与志同道合的人共同生活。而且你也看到了，从那些生活在一起的人们由于不和谐而产生的烦恼是多么令人厌倦，以至于你恨不得说："死神，快些到来吧！这样的日子再多过一天，我就会迷失自己！"

11. 损害他人也是损害自己；对别人不义，也就是对自己不义，因为他使自己变坏了。

12. 不公正的行为不仅表现在已经做过的事情上，那没有做成的事情也可能有不公正的行为。

13. 如果你现在作出的行为合乎公共利益，你的观点合乎一切事物的性情，你现在对一切来自于外界的事情都能感到满足——这就够了。

14. 驱散幻想，克制冲动，消除欲望，确保支配能力在自己的控制范围之内。

15. 没有理性的动物都享有一种同样的生命，而理性的生灵则共有一

种智慧的灵魂；正如所有事物都是在地球上的同一片土地生长出来一样，当我们每个人都有视力，每个人都有生命的时候，我们借助的是同一种光明，我们呼吸的是同一种空气。

16. 人、神和宇宙，他们全都能生产果实，而且是在适当的季节生产。但如果按照惯常的说法，葡萄藤上结出的那才是果实，但这无关紧要。宇宙中一切的理性也能使自己结出果实，它结出的便是类似于理性本身的果实。

17. 如果可以的话，就去纠正那些做错事的人；如果做不到，那就记住神灵已经赐给了你仁爱心肠来对待他们。神灵对这样的人也是仁爱的，甚至于为了某种目标而帮助他们获得健康、财富与名誉，他们确实是如此的和善。这也在你的力量范围之内，你这样做，谁能阻拦你呢？

18. 工作时不要满腹牢骚或不情愿，也不要企图得到同情和赞扬；而要使你的意志集中于一件事情，那便是无论工作还是休息，都要符合社会理性的要求。

19. 与其说今天我摆脱了一切烦恼，还不如说我抛开了一切烦恼；因为烦恼不是从外界来的，而是发自我的内心。

20. 一切事物都是相同的，在经验上都是类似的，在时间上都是短暂的，在本质上都是低贱的；目前我们所看到的一切，与埋在尘土中的无数先人所看到的并没有两样。

21. 客观事物都在我们的心灵之门外站着，孤零零地站着，它们既不认识自己也不会表达自己的意见。那依靠什么来判断它们呢？依靠理性。

22. 具有理性的社会动物的善与恶，不在于其消极被动，而在于其积极主动；同样，他们的美德与恶行也不在于消极被动，而在于积极主动。

23. 对于那被抛向高空的石头，坠落下来无所谓恶，正如被抛向空中也无所谓善一样。

24. 深入到人们的内心，去查看他们的行为准则，你就会发现你惧怕的是什么样的判断，他们是以何种方式来判断自己的。

25. 一切事物都在变化中，你自身也在不断变化，在某种意义上，也是在不断地衰败，整个宇宙也是这样的。

26. 千万不要干预别人犯的错，他有责任去承担后果。

27. 活动的终止，情感与思维的停歇，也就是说，它们的死亡都不是恶。想想你生命的不同阶段：童年、青年、壮年、老年，在这其中的每一变化都是一次死亡，这有什么可怕的呢？回想一下你在祖父膝下的生活，你在母亲身边的时光，你在养父座前的日子。你也会发现许多异样、许多变化，甚至是休止。那么，再问问你自己，有什么可怕的呢？同样的，你生命的变化、停滞和终结也没有什么是值得害怕的。

28. 抓紧时间检讨一下吧，你、宇宙和邻人各自是怎样来支配自己的？要确保自己行事公正；要记得自己是属于宇宙的一部分；而对于你的邻人，要审察他究竟是愚蠢还是聪明，同时还要想想你和他们的支配能力相差几分。

29. 你自己既是社会系统的一分子，你应该让自己的每一行为成为社会生活的一部分。而你的行为，无论直接的还是间接的，若是背离了社会的共同目标，皆足以把你的生活变得孤独，使自己格格不入；毁坏了社会的完整性，造成了分裂，正像城邦中的一个局外人，不再与众人一同和谐相处。

30. 就像儿童的争吵、嬉戏，或是“死亡掩盖下的可怜灵魂”，这样的比喻是对死亡宫殿的描绘，把死亡更清楚地展现出来。

31. 对于任何事物，都要探究它从一种事物变成另一种事物的原因，把它与自身分隔开，然后思考它，确定一个特定形式下事物的最长自然生命周期。

32. 你忍受过无数的苦恼，那是因为你总是不满足理所当然的本性而行事。

33. 如果有人责骂你、憎恶你，或者有类似的表现，那么就去接近他们可怜的灵魂，深入其中，看看他们是什么样的人。你就可以了解，他们对你的想法，你根本无需介意。然而，你还需善待他们，因为从本性上说，他们是你的朋友。如果他们有什么愿望，神灵也会通过梦境或者神谕来帮助他们实现。

34. 宇宙的运行始终如一，从上至下，从一个时代到另一个时代。宇宙的理性也许在个别场合之中，其动机要有所作为，如果真是这样，你必须接受其后果，也许满足它所创造的也有可能是它起先的动机了，以后的事物只是循序而来。如果宇宙是神灵支配的，那很好，即便宇宙的运行只是出于偶然，你也不应当放任自己。

35. 很快，所有人都会被大地掩埋，然后大地本身也会发生变化，由此而产生的一切事物同样会发生持续的变化，以至于永久。如果一个人能想到这些永恒的变化，以及这些变化的急速，那么就会淡漠这终将衰朽的一切。

36. 这个世界的本源就好比一股激流，一切都将被它的浪头卷走。那些置身政坛而自命为哲学家的人是多么荒唐啊！全是些不知天高地厚的蠢材！那么，应该做些什么呢？自然之道要你做什么你就做什么，努力去做！如果可以，就立即行动，不要环顾左右看别人是否在意；也不要憧憬柏拉图的理想王国，不要满足于最微小的进步，那只是微不足道的事情。

37. 谁能改变别人的意见呢？既不可能改变别人的意见，又怎么能摆脱人们佯装服从、满腹抱怨的状态呢？接下来让我们来看看亚历山大、腓特烈二世和德米特瑞斯。如果他们领悟了宇宙的本性，并敦促自己依此行事，我将追随他们；但如果他们像悲剧里的英雄，那么就不会有人谴责我们不去模仿他们。

38. 哲学的工作是朴素而谦和的，不要使我走上狂妄自大的歧途。

39. 试着从高处俯瞰那无穷尽的人群，他们没完没了的仪式，他们在或狂暴或宁静的海面上航行，以及由出生到壮年再到老死这一生中的变化。

40. 想想那些旧时代的人，那些在你后世生活的人，那些还处于野蛮状态的人；多少人从来没有听说过你的姓名，多少人即使知道也很快就会把它淡忘，还有那些现在赞扬你，很快又会在背后诋毁你的人；想想这些，就会明白死后的声名绝无价值，现在的名望以及其他任何事物都是一样没有任何价值。

41. 无论外界发生什么，让我们泰然处之，服从内心的原则，有所作为且保持公正；也就是说，你的一切的想法和行为都要符合社会利益，因为这也是符合你自己的本性的。

42. 你完全能够摆脱掉那些干扰你的不必要的烦恼，因为它们只存在于你的意识中。这样的话，你便会发现海阔天空的境界；如果你把宇宙纳入自己的心中，思虑这永恒的时间，你就能体察万事万物的瞬息万变，感受生命的短暂，以及生前时间的浩瀚无涯和死后岁月的茫茫无际。

43. 你眼前所看到的一切都在迅速地消失，眼见它们消失的人不久也要离去。最长寿的和过早夭折的人最终去的都是同一个地方。

44. 这些人的原则是什么？他们在忙什么？又是出于什么原因？他们会去善待别人，尊敬别人吗？试想你已经看透了这些赤裸裸的灵魂，他们以为通过他们的谴责会带来损害或通过他们的赞扬获得利益时，是多么幼稚的一种想法！

45. 这么悲惨的一生，充满了悲愤与荒唐，实在是够了！为什么要烦恼呢？这有什么新鲜的呢？有什么值得奇怪的吗？是事物的形式吗？好好想一想，或者是由于物质？也好好想一想，除了形式和物质之外一无所有。是时候了，你最好是请求神灵保佑，让自己成为一个更加纯朴、善良的人。若能参透这一切，无论是活一百年还是三百年，那都是一样的。

46. 如果有人犯了错，那损害的是他自己，但或许他没有做错什么。

47. 或者万物都出自一个理性的本源，都处于一个整体，那么，部分就不应该对于为了整体的利益所做的事情有所抱怨；或者宇宙中的事物只是由原子组成，其中的一切都是原子的随意聚合和分解。那还烦恼什么呢？问问支配你的能力：你死了吗？你腐烂了吗？变成了伪君子还是野兽？你不是正在兽群里厮混，一起食草为生吧？

48. 伊壁鸠鲁说:在我生病的时候,我从来不会提到我身体的痛苦,也不与探病的人讨论这些话题,而是像以前一样继续讨论自然哲学方面的一些问题。特别是着重这样的关键话题,心灵既然不能脱离与肉体共有的感觉,那么,怎样才能使心灵不受到干扰,保持良好的状态?我也不给医生在我面前表情庄严的机会,好像他在做什么了不起的事情,而我的生命还在愉快而幸福地继续着。那么,不管你生病还是遇到别的问题,都要以他为榜样;因为不管我们身上遭遇了什么事情都不应该放弃哲学,也不要与那些不懂自然之道的无知的人一起胡言乱语,这也是所有哲学学科的共有原则之一。只要专心致志地去做你目前的工作,考虑你应该怎样去完成这项工作就够了。

49. 当有人用无耻的行为冒犯了你时,立即问问自己:难道这世上不存在这种无耻的人吗?当然不可能。那么,就不要奢望那不可能的事情。因为这个触犯你的人也是那些必然要在这世上存在的无耻的人中的一个。当你碰到无赖以及一切为恶之人时,你就可以在脑中进行这样的思索,因为你马上就会提醒自己,世上没有这种人是不可能的,你将会更加和善地对待每一个人。下述的想法也是有用的:针对那些错误的行为,自然赋予了我们什么品德呢?因为自然给予我们美德的力量,以作为一种抵制愚蠢的人、疯狂的人及那些冷酷无情的人的解毒剂。

50. 一般来说,你有能力教训那些误入歧途的人,把错误指示给他。因为每个做错事的人都是因为迷失目标,才走上歧途的。此外,这对你有什么害处呢?因为你会发现,那些触犯你的人并没有使你的心灵变坏;那些邪恶的、对你有害的事物只能存在于你的内心。如果一个未受教育的人作出一个无教养的人的行为,对你会有什么伤害呢?有什么值得奇怪的呢?

51. 想想看,你是否也应该反省一下,因为你没有预料到这种人做事如此糊涂。你本来有理智给予某种方法去防止他犯这种错误,而你却忘记了使用,还为他犯错误感到惊讶。最重要的是,当你谴责别人背信弃义或不懂得感恩时,都要这样来反省自己。因为这错误显然是你自己犯的,你或者是相信那种人居然会信守诺言,或者是你在做好事的时候不是无条件地付出,而是期望从对方那里得到回报。当你为别人作出服务时,还想额外得到什么吗?难道你对遵从本性去做事感到不满,还想寻求报偿吗?

52. 就好像眼睛能看见也要索取回报,脚能走路也要索取回报。眼睛和脚就是为这特殊的工作造就的,完成了它们的工作才算尽责了。人生来就是为他人谋利的,当他在行善或做出有利于公共利益的事情时,他只是在遵从本性,因而也就得到了他应得的东西。

第十五章　我自己是这样的整体之一部分

1. 我的灵魂，你会不会变得善良、朴素、完整、直白，比环绕你的躯壳还要显而易见？你会不会充满爱心和善意？你会不会踏踏实实，无欲无求，无企无盼，无论是无生命的、还是有生命的人，都不用来满足享乐？你又是否能不渴望拥有更长的快乐时光，与你和谐相处的人不渴求适宜的住所和气候，而是满足于你现在的条件，对周围的一切都感到欣慰；相信自己拥有来自神灵的一切，相信神灵的安排都是好的，相信他们为了保持完美的生命而存在，为了善良、公平和美好，创造出他们认为合适的一切事物都是好的吗？这些事物囊括了所有为了其他事物的产生而分解自身的事物。你是否对神灵与人们和睦共处，不抱怨他们，也不被他们谴责？

2. 你要观察你的本性要求你的是什么，只要你受本性支配，然后按它的要求去做，接受它；而只要你的本性作为一个活的存在，你就不会使它遭受损害。然后，作为一个活着的人，你要观察你的本性对你有什么要求。如果你是一个理性的人，你的本性就不会受到伤害，但理性的动物必然成为政治（社会）的动物。运用这些规则吧，不要使自己为别的事情烦恼。

3. 所发生的一切事情，或者是你天生就能忍受，或者是你天生不能忍受。如果它的发生你能够忍受，不要抱怨，以你天生忍受它的能力来忍受它；但如果它的发生你天生不能忍受，也不要抱怨，因为在它毁灭你之后，它自己也会消亡。然而，你要记住，无论如何，你生来就要有忍受一切的能力，你能否忍受取决于你自己的想法，能否把忍受它当作自己的兴趣或职责。

4. 如果一个人犯了错误，友善地教导他，告诉他错在哪里。但是，如果你不能够这样，那就责怪自己，甚至连自己也不必责怪。

5. 无论你身上会发生什么事情，都是在永恒中就为你安排好了的；那张永恒不变的因果联系为你织成的网，把与你有关的一切事物都网住了。

6. 整体的各个部分，我的意思是，一切自然构成宇宙的事物，都必然要消亡；在这样的意义下理解“消亡”一词，就是它们必定要经历变化。但是，如果这对于各个部分来说必然是一件坏事，那么整体就不能继续以好的状态存在了，因为它的各个部分都在经历变化，而且会以各种不同的方式消亡。难道是自然有意地对它的部分行恶，使它们屈服于邪恶，并且必然陷入邪恶之中？还是这些结果都是在自然不知情的情况下发生的呢？事实上，这两种假设都不可信。但假设一个人不提“自然”这个词（即不把自然当作一种强大的力量），而是认为一切都是自然发生的，那么，他一方面证实整体的各部分自然地会发生变化；另一方面又认为有些变化是违背自然的，尤其是对事物分解成构成事物的元素这样的变化感到惊讶和烦恼，那就太荒唐了。因为或者是所有的事物都分解成组成它的元素，或者是经历一种变化，从固体化成泥土，再散入大气，变成气体，这样经过变化后，事物的各个部分又重新回到宇宙理性之中，在一定周期内或者被火吞噬，或者在永恒的变化中得以更新。

7. 不要以为你的躯体和灵魂在你出生时就已经属于你了，它们的成长只是从你昨天或前天吃下的事物、吸入的空气中得来的；而并不完全是由你的母亲带来的。但可以设想，你的母亲带给你的躯体使你与很多其他具有变化特质的部分联系在一起，事实上，这与上面所说的并不相悖。

8. 假设你已经拥有这些名称：善良、谦逊、真诚、理智、镇定、豁达，注意坚守，不要改变它们；如果一旦失去，就要快速地找回它们。要记住，“理智”是指洞察一切，不疏忽大意；“镇定”则指自愿接受宇宙本性安排给你的一切事物；“豁达”是指在精神层面上超越肉体的享乐与痛苦，超越名声、死亡，以及其他一切类似的世俗之物。如果你拥有这些美德，又不渴望别人这样称赞你，你将成为另一种人，并且进入另一种生活。因为顽固不化，继续保持你原来的样子，被生活撕碎和玷污，是傻瓜和过分迷恋生命的人才有的特点；像那些在竞技场中被野兽撕咬、遍体鳞伤的角斗士，尽管满身伤口和血痕，仍然希望能活到第二天，尽管他们还要以同样的状态面对同样的利爪和撕咬。因此，要坚持这几种美德。如果能够坚持的话，你就像是抵达幸福岛的人了。但如果你感觉你不得不放弃，难以坚守下去，那么勇敢地退到一个角落里去，在那里坚守它们；或者干脆放弃生命，不是由于激情，而是单纯、自愿、谦逊地放弃，在做完这件至少在你生命中值得称赞的事情之后，就这样离开它。

9. 记住它们，记住这些伟大的名称，将有巨大的帮助。然而，如果你记住神灵，他们虽然不希望被恭维，但希望所有理性的生灵都像他们一样；记住，是一棵无花果就做无花果的工作，是一条狗就应该做一条狗的工作，是一只蜜蜂就应该做一只蜜蜂的工作，是一个人就要做一个人的工作；那么，这将会对你大有好处。

10. 一只蜘蛛抓住一只苍蝇时，它是骄傲的，还有的动物因为抓住了一只兔子而高兴不已。有的人用网捕到了一条小鱼，还有人捕获野猪、熊，甚至俘虏萨尔马提亚人，这些人也是骄傲的。如果考察一下他们的性质，他们不都是些强盗吗？

11. 获悉一种思考能力，观察所有的事物是怎样相互转化的，始终专注于这种转化，训练自己在哲学方面的领悟力。因为，除此之外，再没有一件能如此使人豁达的事情了。这样的人不关心身体，因为他知道自己迟早会离开人世，把一切都留下，全身心地投入自己所做的一切事情中，使自己做的事情保持公平正义，而在其他发生的事情中，则听从宇宙本性的安排。至于他人怎么说，对他有什么看法，或者是不是反对他，他从不去考虑这样的问题，而是使自己满足于两件事情：其一，自己所做的事情合乎正义；其二，满足于现在安排给他的一切。把所有分神和忙碌的追求都放置在一边，除了通过遵从自然法则，追随神灵，走一条正直的道路以外，再也没有其他的要求了。

12. 既然这件事情是应当做的，而且是在你的能力范围之内能做到的，那还有什么好害怕的呢？如果你能看清，那就安心地前行，不要回头；但如果你看不清楚，就停下来，听听别人更好的意见；而如果你受到其他的阻碍，那就小心谨慎地继续前行，坚守正义。因为能达到这个目标当然是最好的，如果你真的失败了，那你的失败也应是由于追求正义而导致的。凡事都追随理智的人既是安静的又是积极的，他们不仅外表轻松愉快，而且内心镇定自若。

13. 一醒来就问问自己，别人所做的公正、正确的事情，对你是否有什么不同？这不会有什么不同。

14. 我猜想，你不会忘记那些坐在床上、板凳上，傲慢地对他人大加宣扬、横加指责的人是怎样的人；你不会忘记他们做了些什么，逃避些什么，追求的又是什么，他们是怎样行窃、怎样抢劫的？不是用自己的手和脚，而是他们最宝贵的部分；如果他们愿意，这一部分本来是可以产生忠诚、谦逊、正直、守法和幸福的。

15. 对那能赐予一切、并能收回一切的自然和有教养、谦逊的人说：“赐予我你愿意赐予的，收回你想收回的吧！”他这样说时并没有骄傲，而是怀着对自然的忠顺和喜悦而说的。

16. 你的生命所剩的时间不多了。让自己像在大山上一样生活吧。因为一个人无论住在哪里，他都生活在宇宙这个大国度内。让人们看看，让他们知道，一个真正按他的本性生活的人。如果他们忍受不了他，那就让他们把他杀了，因为这比像他们这样活着要好得多。

17. 不要再空谈怎样才是一个好人，而是只管去做一个好人。

18. 要不断地这样深思：全部的时间和所有的物质都是一个整体，考虑个别实体对物质整体而言，不过是无花果的一粒种子；对时间而言，则不过是螺丝锥的一次旋转。

19. 看看现存的一切事物，观察已经分解和变化的事物，就像它们已经腐朽和消散，或者说一切事物从诞生的那一刻起，就开始走向灭亡，无法逃脱死亡的命运。

20. 想想人们在吃饭、睡觉、生育、享乐时是什么样的人；再想想他们高高在上、目空一切地乱发脾气和斥责别人时又是怎样的人。而就在不久前，他们是多少人的奴隶，做着什么事情；要不了多久，这些人又将会进入到什么状况中去。

21. 宇宙本性带给每一事物的东西，都是对事物本身有利的；而宇宙本性在带给每一个事物好处时，对它自身也大有帮助。

22. “大地喜爱甘霖”“神圣的以太也爱将甘霖赐予大地”；宇宙喜欢创造即将出现的事物。那么我对宇宙说：“你喜爱的就是我喜爱的。”不是还有人这样说“因爱而生”吗？

23. 你或者继续活在这个世界上，并且习惯于这样，或者打算离开这里，这全都取决于你自己的意愿；或者你将要死去，卸下自己的义务。但除此之外，再没有别的办法了。那么，好好地生活吧！

24. 你始终要明白,这片土地与别的土地是一样的;这里的事物与山巅、海滨或任何你喜欢的其他的地方都是一样的。因为你会发现柏拉图早就这样说过:“居住在高墙内的城市和住在山顶牧羊人的草棚是一样的。”

25. 支配我的力量是什么?我现在正把它变成什么样的性质?我出于什么样的目的在应用它呢?它缺少理解力吗?它是不是脱离了社会,变得放荡不羁?是不是融入、与可怜的肉体混合,并与之一道同行?

26. 弃主人而逃的人是逃亡者,而法律就是我们的主人,那么,违背它的人就是逃亡者。那些悲叹、愤怒或心怀恐惧的人,对于过去、现在和未来由万物主宰者安排而发生的一切感到不满;这个万物的统治者就是律法,他将各人应得到的东西分配给每个人。因而,那些悲叹、愤怒或畏惧这样安排的人就是逃亡者。

27. 男人在女人子宫里播下种子,然后离开了,另一种因由就开始接管这种子,孕育它,使它长成一个婴儿。这是一个多么神奇的创造啊!同样,这个婴儿通过咽喉吃下食物,另一种因由又开始接管它,使他形成认识和行为,赋予他健康的生命、力量和别的东西;有多少人是这样生长的,而这又是多么的神奇啊!然后,观察这些以隐秘的方式创造的事物,看看这其中的力量,就像我们观察使事物上下往复运动的力量一样。不是用眼睛看,但同样可以了解得清清楚楚。

28. 做每一件事时,都要停下来问一下自己,是不是因为死亡剥夺了你做这些事的机会,如果它是一件令人畏惧的事的话。

29. 当别人的错误使你发怒时,那就立刻反省一下,想想你自己是否也犯过类似的错误。例如,认为金钱是好东西,或者追求享乐、名声之类的东西。通过注意这些,你就会很快忘记自己的愤怒,并同时体谅这个人,觉得他也是迫不得已才做错了事——他不这样做又怎么做呢? 或者,如果你有这个能力,那就把他从被迫中解救出来。

30. 不要让任何人有机会指责你,说你不质朴、不和善,让那些认为你没有这种品质的人成为一个说谎者,这一点是在你力量范围之内能做到的。因为有谁能阻止你成为和善、质朴的人呢? 除非你成为这样的人,否则你就只能决定放弃生命。因为如果你不成为这样的人,你的理性也不允许你活下去。

31. 对于那些了解了真正原则的人来说，最简单的箴言就够了，任何普通的箴言就能提醒他要摆脱忧伤和恐惧。

例如："树叶，一些被风在地面上驱散的树叶——这就是人类。"

树叶，你的孩子也是那一片片树叶，那些叫喊着仿佛他们是值得嘉许和赞美的人；或是因为相反的咒骂、暗地里谴责、嘲讽你的人也是树叶；那些想得到名声并想把它传给后世的人，也无非是一片片树叶而已。因为就像诗人说的，所有的这些事物都是"在春天抽芽"，然后风把它们吹落，来年树木就会又长出新的叶子。所有的事物都只能是在世上做一个短暂的停留，而你却把它看成永恒，在尽力逃避、苦苦追求。可是，不久之后，你就会闭上双眼，而那个为你送葬的人，不久也将会被人哀悼。

32. 没有一个人会如此幸运，在他临死时，没有人对他的离去感到高兴。假设他是一个善良、聪明的人，最后不还是会有人在心里这样说："让我们摆脱这位老师，自由地呼吸一下吧。确实，他对谁都不算严厉，可是我觉得他总是在默默地谴责我们。"——这就是人们对一个好人的评价。以我们的情况，又有多少别的事情让许多人希望摆脱我们，想让我们死去？如果临死的时候能够这样想，那么，死得会比较安心："我就要离开我的生活死去了，甚至我努力去为之谋利、祈祷、关心的同伴也希望我死去，希望从中得到一点好处。"

33. 为什么还要在人间逗留呢？那你不要由于这个原因而不和善地对待他们，你应该坚持自己的品格，待人友好、仁慈、和善。另外，不要像是被死神拖着死去，而是安详地死去，让可怜的灵魂自然地离开你的躯体，与他人的分离也应该是这样的，是自然把你们联系到一起的，那她现在不是要解开这个联系了吗？

34. 我的离去就像从同族中分离一样，无论如何不要有任何迟疑、抵抗，也不要有任何强迫性，因为这是按照自然行事。

35. 无论遇到任何人做任何事，都要使自己养成习惯，问自己，这个人这样做是出于什么目的？但要从自己开始，首先要审视你自己。

36. 记住，支配自己的力量隐藏在我们内部：这是信念、生命的力量。或者还可以说，这就是人活着的力量。在细心观察自己时，绝不能把围绕自己的脉管和依附于它的器官也包括进去。因为它们就像一把斧头，差别仅在于它们是长在身体上的。的确，如果没有力量推动和制约它们，这些部位也不比织工的梭子、作家的笔、马夫的鞭子更有用。

第十六章　爱你的邻人,爱真理,爱理性

1. 理性灵魂有下列几个特质:它观察自身,分析自身,按照自己的意愿来塑造自身,最终收获享受自己的果实——因为植物的果实和动物中相应于果实的东西是由别人来享受的——它总是能达到自己的目标,而不管如何限定生命的界限;因为它不像舞蹈、戏剧或别的类似的事物那样,只要有什么东西打断,整个活动就不完整了。而对于整体的各个部分,无论在哪里被打断,理性灵魂的活动都是彻底的、完满的,因此它可以说:我拥有属于我所有的。而且它还能横贯整个宇宙和周围的虚空,综观全局,它使自己伸展到无边无际的时间之中,领悟整个宇宙是如何周期更替的,并领悟到我们的后代将不会看到任何新的事物,而我们的前人也不比我们见得更多。在某种程度上,人到四十岁,那已经存在过和将要存在的事物,可以说他都已经见过,因为宇宙中演变的事物从来都是一样的。

2. 这也是理性灵魂的一种性质:即爱你的邻人,爱真理和懂谦虚,除了重视自身以外再不重视任何别的东西,这也是自然法则的特性之一。所以,正确的理性就和正义的理性毫无二致。

3. 如果你把一支乐曲分割成几种不同的声音,然后自己发问,你是否被每一个声音征服?这样,所谓乐曲的动听、舞蹈的美妙和拳击比赛的精彩是不值得一提的,因为你将羞于承认:在舞蹈中,是否你做出的每个动

作和姿态都是同样的，在拳击中也是一样。总之，在所有的事物中，除了德性和有德性的行为以外，记住让自己关注事物的各个部分，通过这样对每个部分的分解来降低对它们的热情，同样可以把这一规则应用于你整个的生活。

4. 如果一个人的灵魂随时自愿地准备好从身体中分离出来，准备好毁灭，或者消散，或者继续存在，那么，这是一个怎样的灵魂啊！但这种自愿是来自一个人自己的判断力，而不是来自仅仅依靠一种基督徒那样的顽固意志。同时这样的准备是慎重考虑、充满尊严的，如果要让别人信服，就不要以可怜的方式来表现。

5. 我为公众利益做过什么事情吗？如果做了，我已经从自身的行为得到了奖赏；让我的心灵总是存在这样的想法，怎样使这样的善行永远不要停止。

6. 什么是你的长处？是善心。但如果不能对宇宙本性的普遍原则和另一些有关人的普遍原则有了解，怎么能实现这种善事呢？

7. 这看来是再明白不过的：没有哪种生活比你现在所有的生活更适合哲学实践了。

8. 从邻枝上切下的一根枝条也必定会从整棵树上砍下的。所以，一个人若同另一个人分离，他也是同整个社会分离。树枝是被人从树上砍下来的，而人是因为憎恨他人、厌恶他人，通过自己的行为与他人分离的。这样一来，他就砍断了自己同整个社会的联系。但他肯定还是拥有一种来自社会的创造者宙斯的特权，因为我们人类有能力与自己相近的事物重新建立联系，重新融为其整体的一部分。然而，如果这种分离时常发生，对于那孤立者来说，重新融入整体，回到它先前的状态就会越来越困难。最后，那最初与树一起生长迄今一直与树共享一个生命的枝条，和那先砍下来然后再嫁接上去的枝条是有差别的。就像园丁所说，当嫁接的枝条与树一起生长时，它拥有的心智和规律与树已经不一样了。

9. 只要你是在不偏离理性的正道上前进，那些企图阻碍你的人并不能使你偏离自己的正道，但也不要让他们的行为削减了你的仁爱之情。同时要提防着两件事情：即不仅要让自己的判断和行为时时公正稳妥，而且还要温和友善地对待那些试图阻止你，并且在其他事情上让你吃苦头的人。因为把他们当作烦恼，就和因畏惧而偏离你的行动路线作出让步一样，也是一种软弱；因为有两种人都放弃了自己的职责和立场，一种是胆小怕事的懦夫，一种是众叛亲离的勇士。

10. 始终以最好的方式生活，这种力量来自于灵魂，只要它对无关紧要的事物采取漠然的态度。如果一个人既能对每件事情单独看待，又能从整体出发综观全局，那他就能做到对无关紧要的事情淡然处之。同时还要记住这些事物中没有哪一个能使我们对它产生意见，也不会触动我们，这些事情都是始终不动的，是我们自己作出了对它的判断；可以说，是我们自己把它们铭记在心，我们也可以完全不记住它们。如果偶尔这些判断不知不觉地植入我们脑海，我们是可以消灭它们的；我们还应记住，这样的念头只会在短时期存在，因为生命总会走到尽头。此外，这样做有什么困难呢？如果这些事物是合乎自然的，就欣然接受，让它们与你和谐相处；但是，如果是违反自然的，那就去寻找适合你自己本性的东西，即使它不会带来名誉也要努力去追求，因为每个人都可以去寻求属于他自己的善。

11. 想想每一件事物是从何而来，由什么组成，它会变成什么，当它改变或又变成什么性质的事物时，它也会毫无损害地继续存在。

12. 如果有人冒犯了你：

首先考虑：你和别人有什么联系，所有人生来就是相互帮助的；另一方面，你是被造出来放在众人之上的，就像羊群中领头的公羊，牛群中领头的公牛。要再回到最基本的原则来考察问题：如果所有事物都不止是原子，那自然便能支配所有的事物；如果是这样，低等的事物就要为高等的事物而存在，而高等的事物也要相互依存。

第二，考虑冒犯者，他们在餐桌、床头以及别的地方的表现怎么样，尤其是考虑是什么迫使他们形成那样的意见和行动，他们对所做的事有着怎样的骄傲。

第三，如果别人做的是正当的事情，那我们不应该不愉快；但如果他们做得不正当，那很显然他们这样做是出于无知，并非故意这样。因为，每一灵魂都不愿意被剥夺真理，同样也不愿意被剥夺按照自己的意愿待人处事的能力。所以，当被人称为是毫无公道、背信弃义、贪得无厌，总之是连他们的邻人也不肯善待的人时，他们也是痛苦的。

第四，想想你也做了许多错事，你是和他们差不多的人，即使你戒除了某些错误，但你还是有犯这些错误的倾向，不过是出于怯懦，或者是关心名声，或者是由于其他不正当的动机，最终没有犯这样的错罢了。

第五，想想你甚至不能判断别人所做的是否是不正当的事情，因为许多事情中间另有隐情。总之,一个人必须了解很多东西,以便能够对另一个人的行为作出正确的判断。

第六,当你过于烦恼或悲伤时,想一想人的生命是何其短暂,我们所有人很快都会死去。

第七,使我们困扰的不是别人的行为,因为那些行为是在他们理性的支配原则中,那困扰我们的是自己的意见。那么,就先消除这些意见,不要认定别人这样或那样的行为会对你有害,这样你的愤怒就会消失。那么,我怎样消除这意见呢?想想看,没有哪一个别人的恶行能给你带来耻辱;因为,除非感到恶行本身就是一种罪过,否则,你也会做出一些恶行,变成一个强盗或别的什么恶人。

第八,想想由这种行为产生的愤怒和烦恼带给我们的痛苦,要比这种行为本身带给我们的痛苦严重得多。

第九,想想一种好的气质是不可征服的,如果它是真实的,而不是一种惺惺作态,伪装出来的。只要你始终保持一种和善的态度,即使最蛮横的人也无法对你做什么。如果抓住机会,温和地劝导他,平静地在他试图损害你的时候纠正他的错误,你可以这样说:我的孩子,不要这样,我们生来可不是为了做这种事情的,我是肯定不会受到伤害的,而你却因此会伤害到自己,我的孩子。以这样温和的口吻劝导他,向他说明一般的道理,甚至像蜜蜂及那些天生就合群本性的动物都不会像他那样去做。你在这样做时,一定不要含沙射影,或以斥责的口吻,而应是柔和而意味深长、心里不怀有任何怨恨地劝导。不管是当他独自一人的时候,还是有别人在场,你都不要仿佛是在对他说教,或者是有意在做给旁观者看。

记住这九条规则，就当做是从缪斯女神那里得到的一个礼物，终于在你活着的时候开始学习做人。但是你必须避免去讨好他人，又不要因为他人而愤怒，因为两者都不符合本性，而且会带来伤害。当你被激起愤怒时，你应该想到这一真理：因愤怒而发火不符合男子气概，而和善宽厚才符合人的本性，更具有男子气概；拥有这些品质的人也会拥有力量、胆识和勇气，而那些脾气暴躁、喜欢抱怨的人却不拥有这些。因为一个人越是能摆脱暴躁事物的习性，他在同样的程度上就更接近力量，正像痛苦的感觉是软弱的特征一样，愤怒也是软弱的表现。因为那沉溺于痛苦的人和那屈从于愤怒的人，两者都会受到伤害，也会容易放弃。

13. 但是，如果你愿意，也可以从缪斯的领袖阿波罗那里得到第十个礼物，这就是希望坏人们不做恶事，无疑是思想发疯，因为这种欲求是一件不可能的事情。如果只许坏人对别人行恶，却期望他们善待自己，不伤害自己，是冷酷而没有理性的。

14. 以下四种情形之下，可能会导致你的最高支配能力发生偏离，而这种能力的偏离是你应当始终提防的。当你发现偏离时，你应当消除它们，每逢这种情况时就应该说：这样的想法是不必要的；这种倾向是不利于社会和谐的。你所要说的东西不是来自真实的本意，因为你应考虑一个人不表达真实的想法是很荒唐的；而第四要提防的是要避免自怨自艾，因为这说明你内心神圣的部分开始屈服和顺从于较不光彩和容易衰朽的部分，成了肉体和感观享乐的俘虏。

15. 一个在生活中没有始终如一目标的人，在他的一生中是不可能始终如一的。但我所说的若不加上这一点还是不够全面：即这个目标应当是什么？因为，正像大多数人不可能在以各种方式考虑为是善的事物上达成一致的意见，而只是对某些关系到共同利益的事物才有一致意见一样，我们也应当把具有共同性质（社会性）和政治性质的利益看作目标。因为只要所有行为都朝向这一目标的人，他毕生所有的行为才能始终保持一致。

16. 想想乡村的老鼠和城市的老鼠，想想城里老鼠在见到乡村老鼠时的恐慌和战栗。

17. 苏格拉底常常以吓唬孩子的妖怪的名字拉弥亚来称呼多数人的观点。

18. 古代斯巴达人在举行公共庆典时常常为陌生人在遮阳棚里安排座位，而他们自己却随便找个地方坐下来。

19. 苏格拉底向珀西克斯解释为什么没去他那里的原因时说：“我是

想避免一种最不体面的死法。”也就是说，我不想得了别人的恩惠却不能回报。

20. 在以弗所人的作品中有这样的箴言：要不断地怀念古代的有德之士，并引以为鉴。

21. 想一想苏格拉底在赞蒂帕拿走了他的外套之后，他是如何裹着一条腰带安然端坐的，以及当他的朋友看见他如此穿着为他害羞并离开他时，苏格拉底又是怎么说的。

22. 在你学会遵守规则之前，你绝不可能在写作或阅读中为别人立下什么规则。生活也是如此。

23. 一个天生的奴隶，没有自由言谈的权利。

24. 以恶言对美德，说出刻薄的话语。

25. 在冬天寻找无花果的人是疯子的行为，而孩子已经夭折，却还在苦苦寻找的人，也跟疯子差不多。

26. 埃庇克太德说，当一个人亲吻他的孩子时，要默默自语：“明天孩子可能就要死去。”——这是一些不吉利的征兆——“但那表示自然活动的词没有一个是凶兆之词，”埃庇克太德说，“或者如果这是的话，它也只不过是那种跟说麦穗的收割一样的凶兆之词。”

27. 未熟的葡萄、成熟的和干枯了的葡萄，所有这些都是变化，不是变为虚无，而是变为尚未存在的东西。

28. 没有任何人能夺走我们的自由意志。

29. 埃庇克太德也说，一个人必须有一种表示赞同、控制冲动的能力，在涉及到他的活动时，他必须注意符合周围的参照环境，符合公共利益，尊重对象的价值；对于感官欲望，他应当完全摒弃它们；至于不在我们力量范围之内的事情，我们无需回避。

30. 他还说，既然如此，那么所争论的就不是无关紧要的问题，而是从中知晓我们的头脑是清醒的还是糊涂的。

31. 苏格拉底常说：你想要什么？是想要这有理性人的灵魂还是无理性人的灵魂？——有理性人的灵魂。——有理性人中的什么灵魂呢？健全的还是畸形的灵魂？——健全的。那么你为什么不自己去寻求它们呢？——因为我们已经拥有了它们。——那你们为什么还要争斗和吵闹呢？

第十七章　灵魂是何等美妙

1. 你辗转祈求的所有东西,你立刻就可以得到,只要你自己不拒绝。那便是说,只要你不再留恋过去,同时信赖神灵为你的将来所安排的一切,以虔诚与公道来面对现在。“虔诚”,就是欣然接受分配给你的一切,因为神灵把命运交付给你,把你交付给命运;“公道”,就是所谓的不违背真理且毫无矫饰,凡是你所做的都要合乎自然法则,合乎事物本身的价值。不要让任何事物成为你的障碍,无论是别人的恶意,或你自己的主张,或众人的言辞,或围绕在你身体的感觉。因为那受影响的坏的部分会看管它。

2. 如果你在死亡降临的任何时刻都忽视一切,而只是尊重你的理性和你心中的神灵;如果你惧怕的不是早晚有一天要结束生命,而是惧怕你从未开始按照自然之道去生活——那么你便是一个对天无愧的人,你将对于你的家乡来说不算是一个异客,不会因缺乏远见而为发生的事情感到惊奇,也不再依赖于这样或那样的事物。

3. 神灵能把任何人的内心都一眼看穿,去掉了所有质料、包裹、罩衣和外壳及杂物;因为神灵用他的神性,只能接触到人类与他共享神性的那一部分,如果你自己也习惯于这样做,你便会解除你大部分的困扰;因为一个人如果不在意那具盛放灵魂的躯壳,我相信,就不会在衣服、居住、名誉,以及其他附属于外表的事物上产生烦恼。

4. 人是由三种东西组合而成:一个小小的躯体,一丝微弱的呼吸(生命),以及理智。对于前两种,你的职责只不过是关照,只有第三种才是真正属于你的。所以,你如果让你的理智同这些事物分开,即无论别人做了什么或者说了什么,无论自己做了什么或者说了什么,无论将来发生什么令你自己感到困扰的事情,那都不是出自你的意愿,而是由包裹着你的身体以及附着于你的呼吸来统摄的一切,还有那在外面缠绕着的、涌动着的一切。那么,为了使免除了命运束缚的理智自身可以纯粹而自由地活动,就去做正当的事吧,接受发生的一切并咏颂真理。再强调一下,如果你能抛开来自肉体影响的一切,能从过去和未来的一切中解脱出来,使自己就像恩培多克勒所说的球体一样"浑圆无缺,怡然地在它的静止中安息"。好好地珍惜你努力过后真正属于你的生活,也就是现在的生活,那样你就能顺从你内心的神灵,安详、高贵地度过你生命中剩余的那一部分。

5. 我常常感到困惑,我们每个人爱自己都超过爱其他所有人,但是重视别人对自己的看法却远远超过了重视自己对自己的看法。无论如何,如果神灵或智者来到某人面前,命令他只是思考和计划那些他立刻想到就要说出来的念头,恐怕他一天也忍受不了。由此可知,我们重视别人对自己的看法远远胜过我们对自己的评价。

6. 神灵把一切东西都安排好了,对人类也充满了善意,却单单忽略了这一点:一些品行很好的人,也是与神灵的意愿最为投契的人,用他们虔诚的行为和对神灵恭敬的供奉;照理说应该是神灵最为宠幸的人,可是为什么他们一旦死去后却不再重生,而是彻底地消失呢?

7. 如果真是这样，你要相信神灵这样做自有道理。因为凡是合乎正义的事情都是有可能的；凡是合乎自然之道的，自然也会这样去安排。如果事实不是如此，那你就应该确定事情并不应该是这样，难道你没发现在这样一个探寻的过程中，你同时也对神灵产生怀疑了吗？我们不应该与神灵有所争执，除非他是绝对的慈善和公正，否则不会容忍我们如此放纵；但如果是这样，慈善公正的神灵将不会允许宇宙中有任何的不公正、不合理的事情发生。

8. 即使没有希望完成的事，你也要努力去做。就如在所有事情上都不太灵活的左手，在握起缰绳的时候却比右手更有力些，这是它勤加练习的缘故。

9. 试想当一个人面临死亡的时候，他的身体和灵魂是什么样子；想想人生的短暂，过去与未来的时间又是多么的无穷无尽，再想想一切事物是多么的脆弱。

10. 剥去事物的外壳，去看看潜在因果关系的原则；想一想你所作所为的目标是什么？苦痛是什么？快乐是什么？死亡是什么？名誉是什么？一个人内心得不到安宁，原因是什么？一个人怎样才能不受别人的妨碍？这一切取决于我们怎样看待。

11. 在实际运用原理的时候，我们应该模仿拳击手而不是角斗士。因为后者使剑落地之后还要再捡起来，前者不需要什么，只要握紧拳头就可以了。

12. 要弄清事物的真实面目，认真分析它们的本质、形式和意图。

13. 人的力量是多么强大，只做神灵所称赞的事，并欣然接受神灵分配给他的一切！

14. 我们不应当为了合乎自然发生的事情而责怪神灵，因为他们并没有自主或不自主地做错事；也不要指责人类，因为他们也是不自主地做了错事。所以对谁都不要有指责。

15. 如果对生活中所发生的事情感到惊奇，这种人是何等的可笑。

16. 冥冥之中或者有一种必然不可违背的命运，或者有一个仁慈的神灵，或者是一种毫无章法的混沌。如果有不可避免的必然性，为何要发出哀怨和抵抗呢？但是，如果有一个将慈悲普度众生的神灵，要使你自己值得受神灵的眷顾；但是如果存在的只是一片混沌，你自己应该庆幸，在这样苍茫的大海里，你的内心仍由理性作指引；如果海浪把你卷走，它只是卷走了你的肉体、停止了你的呼吸以及附属的一切，却不会让你的理智丧失掉。

17. 一盏灯在火焰未被扑灭之前是会照耀光明的，难道你还没有结束生命，但你内心的真理、公道与节制等美德的光芒就要熄灭了吗？

18. 如果觉得有人在做一件错事，那就要提出来。我怎样才能确定这样做不对呢？如果他的确做错了，也许他已受内心谴责，因为自己做错了事就好比是自己把自己的脸弄破了。如果希望坏人不要做坏事，就等于是不准无花果树的果实流酸汁，不准婴儿啼哭，不准马嘶鸣，不准其他理所当然的事情发生。有这样性格的人，不这样又该怎么样呢？如果你看着不顺眼，那就试着改变他的性格。

19. 如果是不对的，不要做；如果是不真实的，不要说。要善于控制自己的冲动。

20. 要从整体上观察每一个事物，使你产生印象的到底是什么？然后观察探索其因果、本质、关联以及其到死灭时必定的生存期间有多么长。

21. 你最终会觉察，在你内心里有一点什么，比引发激情并使你成为傀儡一般的那些东西要好得多，要更近似神灵；现在你的内心在想什么呢？恐惧？猜疑？肉欲？还是诸如此类的事？

22. 首先,不要漫无目的地工作;其次,让有助于公共利益成为唯一行动的终极目标。

23. 要常想到,不久之后你就会化为乌有,不复存在,而你目前看见的所有人和事物也都将不复存在。因为按照自然法则,一切事物必定要变化、转化、消亡,以便使新的事物更替而生。

24. 要记住,一切事情都取决于你的主观判断,而这又是可以由你控制的;把你的见解消除,这是你可随意为之的;一旦你抛开了错误的判断,就好像绕过了山岬,你会发现一切都宛如一片风平浪静的大海。

25. 任何单独的活动,不管是什么活动,应该在适当的时候停止,并不会因停止而受损害,那活动的人也不会因那活动停止而吃亏。同样,所有这些活动构成的整体,即我们的人生也是如此,如果在适当的时候停止,也不会因此而遭损害。在适当时候,结束生命的人也不会陷入困境。适当的时候和终点都是由自然来定的,有时候甚至也可由我们每个人的性质来决定,例如老年的来临。不过,宇宙自然之道是不可违抗的,宇宙本性通过其各个部分交替变化,以保持自身永远的年轻和活力。

26. 生命的终止并不会带来耻辱,如果那是既非个人所能自主,又无害于公共利益;因此就宇宙而言,这是好的、合乎事宜的、符合整体趋势的。那与神灵在同一条道路上前进,在思想上与神灵怀着同样目标的人可以算得上是神的子嗣了。

27. 你必须随时记取三条法则。第一,无论做什么事,都既不要漫无目的，也不要做与正义背道而驰的事；要理解不管身外遭遇什么事，全是由于偶然或天意，并且你没有理由去指责偶然或天意。第二，想一想我们每个人是如何从受孕到出生，由获得生命到秉有灵性以至于交还那灵性？它们是由什么构成，解体后又变成什么？第三，如果被带到半空中，你俯瞰人类众生相，你应该以怎样的眼光来看待？同时你在天空中还会发现环绕你身边的人是如此丰富多样。无论你升空俯瞰多少次，你都会看到同样的景象，虽然外表有变化，但本质是相同的，而且它们存在的时间也是相同的。一切都会消逝，还有什么值得夸耀呢？

28. 放弃主观意念，你就会获得拯救。有谁能阻止你这样做呢？

29. 你如果对什么事情抱怨，那是你忘了，一切事物都是按照宇宙的自然之道而发生的，别人的错误与你无关。还有，一切发生的事，过去如此，将来也如此，而且永远都会如此。你忘了个体的人与人类之间有着多么密切的关系，那关系之坚固不仅有血缘和子嗣关系的维系，而且还有人类共有的理性。你还忘了一点，每一个人的理智即是一个神灵，都是神性的衍生，没有什么东西是属于自己一个人的。我们的孩子、躯体、灵魂都是来自神灵。还有，一切事物都依赖主观判断，一个人只能活在现在，他失去的也仅仅是这现在。

30. 你要不断地想那些总是怨天尤人的人，那些以名誉、灾难、敌意或任何命运特殊而与众不同的人。然后考虑一下："这些人如今还在吗？"他们已经化为烟云尘土，变成了人们口中的传说，甚至连传说都听不到他们的名字。这样的例子比比皆是，在乡间的法毕乌斯，卡特林诺斯；在花园里的陆合斯、卢帕斯；在拜爱的斯特丁尼阿斯；在卡波利的提贝利阿斯，以及维利阿斯、茹佛斯。想想他们的所作所为，对所有事物都展开狂热追求时的骄横形象，他们狂热追求的这些到头来毫无价值；哪里比得上一个人在自己的范围里，毫无虚矫地做一个公正的、有节度的、崇拜神灵的人。因为最不值得骄傲的事就是追求骄傲，那些可以展示自己正直、质朴、有节制的人是多么的智慧！

31.“你在什么地方看见了神灵？你如何能确信神灵在哪儿？甚至成为这样虔诚的崇拜者？”如果有人向我提出这样的问题，我会回答：“首先，神灵甚至是用眼睛就可以看见的；其次，我甚至连我自己的灵魂都没有看见过，但我还是如此敬重它。所以在不断地感应他们的威力中，我确信神灵是存在的，我虔诚地信仰他们。”

32. 人生的安全，在于洞察一切事物的本质，了解其本体及起因；一心一意地做公正的事、说真实的话。通过不停地做好事来享受生命，一件紧接着一件地做，中间不留一点空际，除此以外还有什么是人生的乐趣呢？

33. 阳光还是同一缕阳光，虽然被墙、山及无数别的东西所遮蔽；实体还是同样的实体，虽然它分裂为无数的个体而各有其特征。灵魂也是同样的灵魂，虽然它分配给无数的生物而各有其限度。在以上提到的事物中，例如，气体以及其他的部分，都是物质的基础，既没有感觉也没有互相的关联，可是理性规则还是把这些部分联系起来并形成同一。而人的心灵具有一种特性，趋向于跟同性质者相结合，这种相通的感觉是无法隔断的。

34. 你期待什么——继续生存吗？好了，还要有感觉、欲望、生长、终止、使用语言、运用思想？这些事物之中哪一样是你想要的？如果这些事物是全然不值一提，你最后就只好努力追随理性、追随神灵。但是重视人生一切荣耀，又怕一死万事随风而去，那是与追随理性、神灵相冲突的。

35. 每人能享受的时间都是那无边无际、深不可测的时间长河中渺小的一部分，转瞬间便会消逝于永恒中。我们所拥有的实体和灵魂，又是宇宙中多么渺小的一部分！你匍匐在大地上，所占据的那块土地是多么的微不足道！想着这一切，什么事都是不重要的，除了按照你的本性做事，接受宇宙共同体所赋予你的一切吧！

36. 理性如何使用？那是一切所依赖的关键；其他一切，不管是否在你的能力范围内，都不过是尘埃与烟云而已。

37. 最有效地帮助我们蔑视死亡的，莫过于这种想法：那便是把快乐当作好事，把苦痛当作恶事的人，他们也都认为这是蔑视死亡。

38. 对于能把死亡看成是快乐之事的人，死是不能给他带来任何恐惧的。他服从理性做事，多做一点或少做一点，对于他是一样的；在这世界上多活一阵或少活一阵也没有多大关系。对于这样的人，死亡是没有什么可怕的。

39. 人，你已是这个世界上的一个公民，延续五年或三年，有什么关系呢？法律对大家是一样的。从这世界中被赶出去，不是被一位暴君赶出去，也不是被一位不公正的法官赶出去，而是被当初把你安放进去的自然之道所赶出去，那又有什么可难过的呢？雇用喜剧演员的地方长官，随时可以命令那演员从台上下去。“但是我的五幕戏还没演完，才演完三幕。”很可能是这样,不过在人生中三幕也可算是一整出戏了。因为这戏是否已经完成,要由当初编戏的和现在宣布终场的人来决定,你不负任何责任。满意地离去吧,因为那解放你的人也是很满意的。

下　卷

感悟经典

《沉思录》有一种不可思议的魅力，它恬美、忧郁、高贵。这部黄金之书以庄严不屈的精神负起做人的重荷，直接帮助人们去过更加美好的生活。

——《一生的读书计划》作者 费迪曼

第一章 认识自我

01 命运在自己的手中

我们应该记住,一切事物均取决于我们的看法。

——马可·奥勒留 《沉思录》

一次,詹姆斯去拜见一位事业上颇有成就的朋友,闲聊中谈起了命运。詹姆斯问:“这个世界到底有没有命运?”

朋友说:“当然有啊。”

詹姆斯又问:“命运究竟是怎么回事?既然命中注定,那奋斗又有什么用?”

朋友没有直接回答他的问题,但笑着抓起詹姆斯的左手,说不妨先看看他的手相,帮他算算命。在给他讲了一番生命线、爱情线、事业线等诸如此类的话之后,突然,他对詹姆斯说:“把手伸好,照我的样子做一个动作。”他的动作就是:举起左手,慢慢地而且越来越紧地握起拳头。末了,他问:“握紧了没有?”

詹姆斯有些迷惑,答道:“握紧啦。”

他又问:“那些命运线在哪里?”

詹姆斯机械地回答:“在我的手里呀。“

他再追问："请问，命运在哪里？"

詹姆斯如当头棒喝，恍然大悟："命运在自己的手里！"

朋友很平静地继续说道："不管别人怎么跟你说，不管算命先生如何给你算，记住，命运在自己的手里，而不是在别人的嘴里！这就是命运。当然，你再看看你自己的拳头，你还会发现你的生命线有一部分还留在外面，没有被握住，它又能给我们什么启示？命运绝大部分掌握在自己手里，但还有一部分掌握在'上天'手里。古往今来，凡成大业者，奋斗的意义就在于用其一生的努力去争取。"

不管别人怎么说，记住：命运掌握在自己的手中。你只有积极进取，努力争夺，才可能获得满意的结果。唯有时刻坚信自己，才能战胜灵魂深处所有的弱点，始终处于不败之地。

杰弗里·波蒂洛曾说："只要不把你的命运交给别人，你就能决定自己的命运。"这句话告诉我们，一个人要想成功必须充满自信，不需要倚靠别人，自己的人生由自己操纵和控制。那种将个人的命运依靠在别人身上的人注定是要过悲悯的一生。

《犹太法典》一书中有这样一个故事：

有两个犹太人，一个是家世显赫的青年，另一个则是一贫如洗的牧羊人。家底殷实的青年非常神气，他为自己拥有富有的祖先而自豪，并向牧羊人趾高气扬的吹嘘。牧羊人听后，毫不自卑地回应说："原来你是那样伟大祖先的后代啊！可是，你要知道，你或许是你们家族的最后一个人，而我却是我们家族的祖先。"

牧羊人的意思是说，尽管你很富有，但你不过是靠着显赫的家世，这并不能说明你自己有多大本事；我尽管贫穷，但我的一切都来自我自己的努力，而不是家族或祖先的给予，并且只要我努力地去奋斗，我们的家族就可能因我而开始富裕，从而慢慢显赫起来，到若干年后，我就是我们这个显赫家族的祖先了。由此看来，在个人的成功方面，家庭或家族并不是

重要的因素，最重要的因素是自己，是个人的努力与奋斗。

正是因为这样，我们才有马克思、爱因斯坦、弗洛伊德、奥本海姆这样伟大的智慧头脑，而他们并没有来自一个显赫的家族，他们唯一依靠的是自己。

命运有时候很奇怪，它在赐予一个人成功之前，大都要设置下一道道屏障，以考验一个人的毅力和勇气。因此，那些怯懦者，只能在失望和抱怨之中走过一生。而只有那些知难而进、勇于跟厄运搏击的人，才能最终品尝到命运之神的精美馈赠。

生活绝不会怜惜失败者，在挫折面前，勇者进，懦者退。每个人的命运都掌握在自己的手中。

02　打好人生的基础

无论做什么事，你都要谨记，你可能命在旦夕，不可能活到一万年，所以趁现在还活着，要好好做人还来得及。

——马可·奥勒留　《沉思录》

作为刚刚走向社会的年轻人，让自己沉下心来进入角色是非常重要的，因为越早进入就意味着越早步入事业的轨道。要想出人头地，就要规划好自己的人生起点，因此，每个年轻人首先要做到以下几点：

1. 肯吃苦

有句话说得好，吃得苦中苦，方为人上人。对于刚刚迈入职场的新人，公司老板或主管人员通常会把一些乏味的、没有什么技术含量的、需要付出一些体力劳动的工作交给他们去做，其目的是为了锻炼他们，提高他们的工作能力。因此，这个时候，新人必须能吃苦，肯吃苦，不论工作是什么，都要用十分的热情去做好。

2. 善相处

人际关系是做事的资本。如果不懂得基本的处世之道，不能与他人形成良好的互动，我们可能就会丧失掉很多机会，同时也无法真正地实现自己的价值。对于新人来说，在单位里与人和睦相处是关键，和同事多联络感情，互相照顾，互相帮助，才不至于受人冷落。

3. 学主动

主动做事，最能获取知识、成就事业。在现代职场中，只知道机械地完成工作的“应声虫”，老板会毫不犹豫地将他置于晋升考虑的范围之外。在单位里，新人面对老板或主管人员交给的每一件事，都要尽力为之,并主动承担一些职责之外的任务,往往你会有意想不到的收获。

4. 负责任

负责任是做好一切工作的根本。无论从事什么样的工作,都应该尽职尽责地把工作做好。美国前教育部长威廉·贝内特曾说:"工作,是需要我们用生命去做的事。"从某种意义上说,只有负责任,才会使自己的事业得到更快、更健康的发展,才能赢得更加美好的未来。所以,刚刚走入职场的年轻人,更应该有勇于负责的精神。

5. 莫顶撞

有时候,上司所提出的要求、安排的任务可能让你觉得做起来会非常困难,困难的原因就在于客观条件不具备、不成熟。但绝不能以此作为理由,推脱甚至顶撞上司的指令,这样的做法既显得你的态度不积极,更会使上司觉得你缺乏挑战困难的勇气和能力。正确的做法是愉快地服从上司的指挥,把指令接受下来,在做的过程中遇到了具体的问题再具体解决。

6. 少开口

言多必失,一个口无遮拦的人,容易暴露缺点。很多名人成功的诀窍之一，就是细心地倾听他人的谈话。积极倾听的人会把自己的全部精力——包括具体的知觉、态度、信仰、感情以及直觉——都积极地投入到听的活动中去，从而集思广益，办起事情来也会顺利很多。

如果能做到以上几点，就为你美好的人生打下了良好的基础。

03　人生可以随时开始

你的时间是有限的，如果你不用以照耀你的心灵，那时间就会飞速流逝，而你也将离开人世，良机一去不复回。

——马可·奥勒留　《沉思录》

人生可以随时开始。成功不分先后，把握现在，每一天都是新的开始。

有一个部落首领的儿子叫信，在父亲去世后顺理成章地承担起了领导部落的任务。但是，由于他游手好闲、不思进取，部落的势力很快衰退下来。在一次战役中，他被仇家擒获，仇家的首领决定第二天将他斩首。

信被放逐在一个大草原上，他感觉，这个时候，自己已经完全被这个世界抛弃了，自己将很快走向另一个世界。他回忆起曾经锦衣玉食的日子，想起了自己部落辛苦劳作的牧民，却因为他而要承受苦难，他追悔莫及。

他想，如果上天再给我一次机会，绝对不会是这样一个结果。于是，他请求仇家的首领给他一天的自由时间，他想在自己生命的最后24个小时做一些事情，来弥补自己曾经的过失。

这一天，信慢慢地行走在草原上，看见很多贫苦而又可怜的牧民在烤火，于是，信把自己头顶上的珍珠摘下来送给他们；当他看见有一只山羊迷失了方向，他把它追了回来；他看见有孩子摔倒了，便主动把他扶了起来；最后，他还把自己一件珍贵的大衣送给了看守他的士兵……信终于做了一些自己以前从没做过的事情，他觉得自己内心还是善良的，可以满意地结束自己的生命了。

第二天，行刑的时候到了，信轻松地步入刑场，闭上眼睛，等待刽子手结束自己的生命。然而，信等到的却是那个仇家首领捧着一碗酒微笑着站在他面前。

“这一天来，你的所作所为让我感动，也让我重新认识了你，仇视和杀戮并没有让我们过上太平的日子，我想我们两个部落的牧民其实是可以和睦相处的，今天，我要敬你一杯酒，冰释前嫌，以后我们就是兄弟，如何？”

之后，信回到了部落，再也没有纸醉金迷地生活，而是勤政爱民，并立志要做一个优秀的部族首领。

从此以后，这两个部落的牧民再也没有发生过战争，彼此融洽和平地生活在草原上。

日本作家中岛熏说：“认为自己做不到，只是一种错觉。我们开始做某事前，往往考虑能否做到，接着就开始怀疑自己，这是十分错误的想法。”但是，在生活中，很多人明明知道自己已经错了，但还是要继续错下去，或是已深陷痛苦之中，却仍然不愿逃离出来，在“不敢”或“不舍”中将自己陷于困局。其实，很多事情并没有我们想象的那样难。

人生随时都可以重新开始，没有年龄限制，没有性别区分，只要我们有决心、信心和梦想，就一定能够获得新生。

今天是一个结束，又是一个新的开始。昨天失败了，不要紧，总结失败的教训，忘记失败的痛苦，从今天开始，朝着新的方向继续努力；昨天成功了，品尝到成功的喜悦之后，依旧要从今天重新开始，在成功的基础上继续努力，争取更辉煌的进步。

04　丢弃旧我，接纳新我

只要用你以往观察事物的眼光重新看待事物，你就会发现新生活即在其中。

——马可·奥勒留　《沉思录》

年终岁尾，我们都要对屋里屋外进行一次大扫除的工作，当你一箱一箱地打包时，一定会很惊讶自己在过去短短一年内，竟然积累了这么多的东西。然后懊悔自己为何之前不花些时间整理，淘汰一些不再需要的东西，如果那么做了，今天就不会累得连腰都直不起来。

我们从这个教训中总结出这样一个道理：人一定要随时清扫、淘汰一些不必要的东西，日后才不会变成沉重的负担。

在人生道路上，我们几乎随时随地都得做自我“清扫”。人的一生不可能总是一帆风顺，总会遇到许许多多的挫折和失败，每个人也都有自身的缺点和毛病，所有这些都迫使我们不得不“丢掉旧我，接纳新我”，把自己重新“清扫”一遍。

回顾1912年诺贝尔化学奖得主德国科学家格利雅的过去，也是一段误入歧途的日子。年轻的他，曾经是一个非常糟糕的学生，从学校里出来

后，整日闲逛，到处寻欢作乐。一天，21岁的格利雅去参加一个盛大的舞会，他对对面坐着的一位秀丽端庄的小姐产生了好感，于是走到她面前，礼貌地说了声：“小姐，我想请您跳舞。”没想到，那位小姐好像没有听见他的邀请似的，绷着脸不予理睬。格利雅再次躬身并大声说：“尊敬的小姐，我请您跳舞！”小姐冷面相对，说了一句令格利雅一生都难以忘怀的话：“我最讨厌您这样的花花公子！”

这句话犹如惊雷，震醒了格利雅。他突然感到，自己在饱食终日、无所事事的游玩中浪费了过去青春岁月。悔恨交加，之后他给家里留下一个“你们不要来找我”的纸条，便奔向里昂城求学了。

经过两年的努力，格利雅不但补上了荒废了的学业，而且作为插班生考入了里昂大学化学系。如同重生一般，格利雅变得异常勤奋，而且常有精辟的见解。在名师指导下，他于1901年完成了金属镁有机化合物制备

论文，获得里昂大学博士学位。

后来，他又发明了格氏试剂，成为对有机化学研究领域影响深远的发明。为此，瑞典科学院于 1912 年授予格利雅诺贝尔化学奖。从格利雅受到那位小姐的冷落到他获得诺贝尔化学奖，中间经过了整整 20 年。当家乡父老知道他获得诺贝尔奖时，还专门召开大会庆祝这位昔日不学无术的纨绔子弟在短短 8 年时间内成为出类拔萃的博士。在庆祝大会上，格利雅热泪盈眶地表示："过去的纨绔子弟格利雅已经死了，今天的格利雅要更加奋发，取得更大的成就来报答家乡父老对我的期望。"

心灵的清扫是一个挣扎与奋斗的过程。不过，你可以告诉自己：每一次的清扫，并不表示这就是最后一次。而且，没有人规定你必须一次全部扫干净。你可以每次扫一点，但你至少应该丢弃那些会拖累你的东西。

人的一生复杂多变，要想让自己生活得轻松、快乐、简单，就要经常对自己进行"清理"，什么该丢，什么该留，把更多的位置空出来，让自己轻松起来。

05　认清自己的价值

要深入地看待每一个事物，不要忽略任何事物的特质和它的价值。

——马可·奥勒留　《沉思录》

泰戈尔说："只有经历过地狱般的磨练，才能练出创造天堂的力量；只有流过血的手指才能弹出世间的绝唱，让我们在追求中认清自我吧。"人生也是一样，人应该有所追求，但不是盲目地追求。保持一颗清醒的头脑，认清自我，才能更好地实现人生的价值。

记得龚自珍曾说："我劝天公重抖擞，不拘一格降人才。"在这个崇尚个性和发觉自我价值的年代，人才本是不拘一格的，但很多人却未能发现自己的价值和使命，在跟别人的比较中，心理逐渐失衡，也使得命运转变了原来的方向。

一只狐狸早晨起来欣赏着自己在晨曦中的身影说："今天我要用一只骆驼做午餐！"整个上午，它奔波着，寻找骆驼。但当正午的太阳照在它的头顶时，它再次看了一眼自己的身影，于是说："一只老鼠也就够了。"狐狸之所以犯了两次截然不同的错误，与它选择"晨曦"和"正午的阳光"作为镜子有关。晨曦不负责任地拉长了它的身影，使它错误地认为自己就是万兽之王，并且力大无穷、无所不能，而正午的阳光又让它对着自己已缩小了的身影妄自菲薄。

在现实生活中，像狐狸这种心态的人大有人在。对自己认识不足，过分强调某种能力。但也有些人觉得自己无能，一无是处。其实，世界上没有任何人、事、物能够贬低我们，除非我们自己看轻自己、自己贬损自己。

哲人说，人贵有自知之明，更贵能发现自己的价值和优势。在成功心理学家看来，判断一个人是不是成功，最主要的是看他是否最大限度地发挥了自己的长项或优势，最快速地实现自己的价值。

一个不能正确认识自我价值的人是不可能成就伟大事业的，也就不可能变成伟人。伟大的人并不是生来就伟大的，他们之所以伟大，是因为他们能在正确的认识自己的基础上，不断地进步和提升，成就伟大的事业。

他是个农民，但他从小的理想就是当作家。为此，他一直在努力着。10 年来，他坚持每天写作 500 字。每写完一篇，他都改了又改，精心地加工润色，然后再充满希望地寄往各地的报纸、杂志。让人遗憾的是，尽管他很努力，可他从来没有一篇文章被发表过，甚至连一封退稿信都没有收到过。

29 岁那年，他终于收到了第一封退稿信。那是一位他多年来一直坚持投稿的刊物的编辑寄来的，信里写道："看得出你是一个很努力的青年，但我不得不遗憾地告诉你，你的知识面过于狭窄，生活经历也显得过于苍白。但我从你多年的来稿中发现你的钢笔字越来越出色……"

正是这样几句话点醒了他。他意识到了自己应该做什么。他毅然放弃写作，而练起了钢笔书法，果然长进很快。现在他已是有名的硬笔书法家，他的名字叫张文举。就这样，他让理想转了一个弯，沿着最能发挥才能，最能实现价值的路前进，最终很快走入了人生收获的季节。

毕加索在年轻时，他的母亲对他说，"你如果想当军人，你要成为一个将军；你如果想当僧侣，你要成为一位教皇。"毕加索对自己职业选择的解释却是这样："我想当一名画家，于是我成了毕加索。"他没有去做一个不可能成为将军的士兵，也没去做一个没有希望成为教皇的僧侣，他按照母亲的指点和对自己的独特理解和把握，依循自己的天赋，成了一个享誉世界的画家。

有的人，明确自己的奋斗目标，并在实现的过程中克服了种种难关；有的人，丢失了自己的梦想，丢失了自身原有的本质。人有时就是这样，在人生很多时刻，都会面临诸多的选择。能否选对一条最适合自己的路，决定了你最终是否能实现自己的价值。在人生的追求中,最重要的就是认清自己的价值,其实,每个人都是一座宝藏,认清自己的价值和使命,才能在人生的淡泊中创造生命的辉煌。

06　保持自己的本色

不管别人说什么、做什么,我自己必须要做好。就像是在对黄金、绿宝石或紫袍时,总是这样说:无论别人怎么说、怎么做,绿宝石还是绿宝石,它仍然会保持着与生俱来的光彩。

——马可·奥勒留　《沉思录》

保持自己的本色,坦然地面对世界,走出一条适合自己的独特的人生之路,这是每个人都应该具备的生活态度。一味地模仿别人,一味地遮掩或抑制自己的本色,其实是在毁灭自己。

现实生活中,不知道有多少人,由于种种原因扮演着一个连他们自己都不认识的陌生人。这些人过着自己不喜欢的生活,忙的时候就像陀螺,一旦停下来,就会觉得空虚,不知道自己的生活目的是什么。对于这样的人而言,生活就像在演戏,从来没有幸福和快乐。

要想保持自己的本色,必须正确地认识自己,了解自己,尊重和信任自己,喜欢和爱护自己。可能你没有漂亮的外表,没有特殊的才能,没有显赫的背景,但你应该明白,你要做的不是别人,你的人生使命不是模仿别人,你要成为独一无二的自己。每个人都有自己的独特之处,你必须发现自己的特点和优势,然后利用它们,找到适合自己的前进方向,寻求自我的突破。事实上,保持自己的本色就是一种态度。

当杰拉德斯·图夫特还是一个8岁的小男孩时，一位老师问他："你长大之后想成为怎样的人？"他回答："我想成为一个无所不知的人，想探索自然界所有的奥秘。"图夫特的父亲是一位工程师，因此想让他也成为一名工程师，但是他没有听从。"因为我的父亲关注的事情是别人已经发明的东西，我很想有自己的发现，创作出自己的发明。我想了解这个世界运作的道理。"正是有着这样的理想，当其他孩子正在玩耍或者在电视机前荒废时光的时候，小小的图夫特就在灯前彻夜读书了。"我对于一知半解从来不满足，我想知道事物的所有真相。"他很认真地说。

图夫特告诫我们要保持自我："最重要的是一定要决定你要走什么样的道路。你可以成为一名科学家，可以去做医生，但是一定要选择你的道路。世界上没有完全相同的两个人，这就是人类能够取得各种各样成就的原因。所以没有必要来强迫一个人去做他不感兴趣的工作。如果你对科学感兴趣，你要尽量找一些好的老师，这点非常重要。即使是这样，你也不一定就会获得诺贝尔奖，这些事情是可遇而不可求的，你不能过于注重结果，你不要期望一定能取得什么样的成就。如果你真正地投入到一个领域当中，倘若那不是你想要得到的，那么你也不能从中发现真正的乐趣。"

我们不必为他人而活，保持我们的本色才是真正的人生。不要被眼前的利益所羁绊，不必为今后的生活而苦恼，也不需要衡量自己所做的事情是不是别人眼中具有前途的事，只要你自己喜欢就好。委曲求全的生活会让你痛苦一生，而保持自己的本色是生活即使很短，也会让你生活得很快乐。

我们每个人都有自己的优点和长处，也有自己的弱点和短处，有时候我们的弱点其实也是我们的潜在优势。如果我们把自己的特点隐藏起来，去追求别人眼中的"完美"形象，反倒会失去自己的特殊优势，变得普通、平凡，甚至暗淡无光。

著名的心理学家威廉·詹姆斯曾说，一般人都喜欢模仿别人而不是发扬自己，却不知，一个人的最大成就是开发和利用自身的潜能来成就自己，只有以自己的特色去与别人竞争才有可能更快地获得成功。很多时候，发扬自己的长处比伪装自己的短处更为重要，当你的长处非常耀眼的时候，你的短处自然就会被人们所忽视。此时，如果你再暗自加以修正完善，你就会变得非常优秀。

很久很久以前，在一望无际的原野上生活着一群牛。它们的性情极其温驯善良，都和和睦睦地相互关照着，并一起寻找繁茂丰美的地方，逐水草而居。

每到一处，它们都会选择柔软细嫩的青草进食，饮用清凉甘美的泉水解渴。它们洁身自好，悠然自得地生活在蓝天白云之下的青草中、碧水边。于是牛群越来越兴旺。

有一头驴看着这群朝夕和睦幸福生活在一起的牛群，非常羡慕。很久以来，它一直渴望能像牛那样悠然沉稳地咀嚼柔嫩的青草、慢条斯理地啜饮甘美的泉水、自由自在地安静生活。于是，驴子下定决心仿效牛的生活方式及行为举止。

一天，驴子跟着牛群迁徙到了一处水草肥美、风和日丽的地方。驴子混夹在牛群中间，左顾右盼，前跑后颠，那些牛也都很礼貌地对它表示谦让。于是驴子心中便得意起来，趾高气扬地跟在牛屁股后面，俨然成了牛族中的一员。

但是，驴子就是驴子，无论如何也改变不了驴子的本性而变成一头牛。它根本不可能像牛那样安详沉静地吃草，总是禁不住用蹄子前刨后挠，把青草踏烂，把泥土翻起来，好端端的草地一会儿就被它践踏得不成样子。然后，它又极不安分地跑到水中去饮水，将清清的池水搅得成了泥汤。接着，驴子又模仿牛的吼叫。可是，不管它怎样玩命地叫“我是牛！我也是牛！”却依然改变不了驴子那世人皆知的难听声音。

最后，这群温良谦让的牛也无法忍受这头驴子拙劣的表演，感觉到它破坏了自己的生活秩序。于是，群牛起而攻之，用角攻击这头可恶愚蠢的驴子。不消几下，这头蠢驴便瘫在了烂泥地上，奄奄一息了。

群牛将驴子丢弃在旷野上，迈着坚实的步伐，浩浩荡荡地继续寻找新的水草。

每一个成功者，每一个伟人，他们都是与众不同的。他们不是因为伪装才获得了成功，也不是因为模仿而变得伟大，而是他们总是以自己的方式去做事，以自己的本色去面对世界，才赢得了别人的尊重和支持。而一个人最大的失败和悲哀就是失去了自己的本色，失去了自己。

一位作家说："我们此生不一定要成大名，立大功。可是，我们一定要明白自己的梦想，并把它具体起来，使它成为可能。然后去追求它，去实现它。"其实，人人都想保持自己的本色，但绝大多数人却没有勇气迈出这一步。

戴尔·卡耐基曾说："我无法写出能与莎士比亚相媲美的书，但我可以写出一本完全由我自己写成的书，我要做我自己。"保持自己的本色就是以真实的自己面对世界，轻松而坦然，不做作，不为难自己，不要以别人的标准来打造自己，自己的道路要由自己去开创，要有自己的标准。如果能够按照自己的本性生活，你的人生才会更加独特、精彩。

07　接纳不完美的自己

如果没有能够使自己的每一个行为都符合正确的原则，你也不要受良心的谴责，不要沮丧不安，不要怨天尤人。

——马可·奥勒留　《沉思录》

一个人要想快乐的生活，首要的一点就是要学会接纳自己，既要接受自己的优点，也要接受自己的缺点。

一个人如果不能够正确认识自己，那么快乐也就不会靠近你。世界上没有两片完全相同的树叶，人也一样，每个人都是上天的宠儿。正确地认识自己，既看到自己的长处，也认识到自己的不足，为自己正确定位，这样才能自信地去迎接机遇和挑战，为自己创造更多的成功和欢乐。

尼采曾经说过这样一句话：“聪明的人只要能认识自己，便什么也不会失去。”世上没有十全十美的人，每个人的身上都会存在缺点，我们不必因此厌恶自己，觉得自己已经被社会抛弃。如果能够认识到这一点，正确地接纳不完美的自己，我们就能在精神上获得超脱和自由。

快乐的生活需要自己去寻找。生活中很多人之所以不快乐，其原因往往是过分严格地要求自己，凡事都希望完美无缺。然而，在这个世界上，完美几乎是不存在的，我们无法要求自己完美无缺，我们只能努力把自己变成一个有很少缺点的人。

要想完全接纳自己，就要学会用豁达的态度来看待完美，将“不要苛求完美”时刻记在心间，你就会感受到其带来的喜悦与满足。

一个心理医生花了两年的时间治疗了一个因无法摆脱酒精的病人。

两年后的一天，病人又找到他，要进行心理治疗。病人告诉医生说，前两天他被解雇了。当心理治疗完毕后，病人说："大夫，如果这件事发生在两年前，我是承受不住的。我想自己本来可以做得更好，避免这类事情的发生，但却未能做到，为此我会去酗酒。但我现在明白了，事情发生了，重要的是正视它，坦然地接受它。失败就像成功一样，是人生中难得的经历，它是我们人生中不可避免的一部分。"

医生同意地点了点头。正像医生所预测的那样，在另外一个工作领域，这个病人取得了令人瞩目的成就。

如果人们能坦然接受生活的失败或者失意，那么不论是成功还是失败，都不可能使他为之所动。人生总有缺憾，当你凡事苛求时，结果可能只会让自己因沉重的心理负担而感到不快。对于我们自己也是一样，我们有时可以把自己想象得更好一些，有时候也可把自己想得差一点，但永远都不要要求自己完美无缺。

对自己的认识并不是一件简单的事，在这个过程中学会接纳别人的反馈以及中肯的意见是非常重要的。

有一只毛毛虫，因为觉得自身长得既丑陋，行动又不灵活，而对上帝抱怨道:“上帝呀,你创造的万物固然非常神妙,但你为何把我的一生分成了两个阶段,不是又丑陋又笨拙,就是又美丽又轻盈,使我在前一阶段受尽人们辱骂,后一阶段却获得诗人的歌颂,这未免太不协调了。你何不平均一下,让我现在虽然丑一点儿,却能行动轻巧,以后当漂亮蝴蝶时,行动迟缓一点儿,这样我做毛毛虫和蝴蝶的两个阶段不就都能很愉快了吗?”

上帝说:“如果那样做,你根本活不了多久。”

“为什么呢?”毛毛虫摇着小脑袋问。

“因为如果你有蝴蝶的美貌,却只有毛毛虫的速度,一下子就会被捉住了。”上帝说,“你要知道,正因你的行动迟缓,我才赐给你丑陋的外貌,使人类都不敢去碰你。现在,你还要采取你的构思吗?”

“不,请维持你原来的安排吧。”毛毛虫这才慌张说,“我知道了,不论美与丑,轻盈与迟缓,只要是你创造的,一定都是完美的。”

正确地认识自己,才能使自己充满自信,才能使人生的航船不迷失方向。否则,人就会迷茫,就会失去前进的方向,就会在一个个十字路口徘徊,这样的人生是没有意义的。

虽然,生活赋予我们每个人的并不是完全相同的阳光雨露,但上天是无私的,只要不断地认识自己、批判自己而达到改造自己的人,智慧就可能渐趋圆熟而迈向充满机遇之路。也只有充分认识自己的人,才能够完全地接纳自己。

08　自知之明

要记住,你的追求是有限制的,不去做那些不可能的事。

——马可·奥勒留　《沉思录》

世上万物都有自己的长处和短处，然而，要清楚地知道自己的长处和短处却不容易。在人生的道路上，人才成长和事业成功的关键是要有自知之明，做到心中有数，这对于打造成功的人生具有十分重要的意义。

有一天，一只秃鹰从王宫上空飞过，看到一只黄莺备受国王的宠爱，每天好吃好喝，且地位尊贵，于是它就问黄莺："为什么国王单单如此宠爱你呢？"

黄莺回答："我自幼就有一副好嗓子，到了王宫后，唱歌越发动听，国王非常喜欢听我唱歌，于是十分喜欢我，也经常拿珠宝来打扮我。"

秃鹰看到穿金戴银的黄莺，心中艳羡不已，它想："我的资质又不比黄莺差，学学它，这样说不定国王也会喜欢上我的。"于是它就飞到国王睡觉

的地方，开始叫起来，以求吸引国王的注意。不巧的是，国王正在酣睡，听了秃鹰的叫声，噩梦连连，于是叫下属看看是什么东西在叫。属下去了回

来报告说，是一只秃鹰不知道为什么在叫。国王愤怒不已，吩咐手下去把秃鹰抓了下来，并命令拔光他的羽毛。

秃鹰浑身疼痛，满是伤痕地回到了鸟群中。

秃鹰之所以得到这样一个结局，就是因为它没有自知之明。

人们生活中导致失败的原因，往往是当事者没有自知之明，既没有发现客观世界的奥秘，也没有发现主观世界的长短。归根结底就是他们不了解自己。惨痛的悲剧和沉重的代价，就是这样造成的。

动物世界尚且如此，人类也一样会犯这样的毛病。

人贵有自知之明。只有真正了解自己的长处和短处，避己所短，扬己所长，才能对自己的人生坐标进行准确定位。当你认识到自己的不足之时，也就是进步的开始。因此，我们要时刻保持清醒的头脑，了解自己的性格、能力、判断力等多方面，自勉自励，改正缺点，量力而行，及时把握机遇，才能拥有美好的人生。

第二章　道德良心不可少

01　一辈子做有德之人

做好事的人就像一匹马跑完了路程、一只狗追捕到了猎物、一只蜜蜂建好了蜂房一样，并不希望大叫大嚷地召唤他人知晓，只需默默地接着做就行了，正像葡萄藤来年再结出一串串葡萄。

——马可·奥勒留　《沉思录》

品格是人生之本。一个人的品格决定了他成就的高度。有的人品格高尚，而有的人品格卑微。品格高尚的人被千古传颂，奉为经典；品格低劣的人则遗臭万年，被人们唾骂。

一个品格高尚的人才能够实现自己人生的价值，创造出卓越和精彩的人生。拥有高尚品格的人就像一颗金子，总会闪耀出他人性的光辉，总会得到人们的尊重。

有一天，上帝捏了两个泥人，便斜倚在忘忧树上歇息，听溪流淙淙。这时候，这两个泥人提意见了：“我们软瘫瘫的，太难看了。更何况，人总该有个壳，来对付冰雹和冷枪暗箭吧？”

上帝瞧着他们扭来滚去的样子十分滑稽，有点于心不忍，想了想说：“硬材料匮乏，我这里只有两样，一样是德，能使肉里长骨头，让你站立起来;一样是智,能使肉外长甲壳,帮你对付冷枪暗箭。你们各选一样吧。"

于是,两个泥人欢欢喜喜地各选了一样自己想要的。从此天下多了两种人:一种人骨头硬却疏于防卫,常受伤害;另一种人躲在漂亮的甲壳里享福,没有脊梁骨。

这个故事告诉我们一个深刻的人生道理:道德与思想品格同智慧和能力一样,都是一个人赢得成功所必不可少的元素。

在美国曾流传这样一个故事:

美国加州的"数码影像有限公司"需要招聘一名技术工程师,有一个叫史密斯的年轻人去面试,他在一间空旷的会议室里忐忑不安地等待着。不一会儿,有一个相貌平平、衣着朴素的老者进来了。史密斯站了起来。那位老者盯着史密斯看了半天,眼睛一眨也不眨。正在史密斯不知所措的时候,这位老人一把抓住史密斯的手:"我可找到你了,太感谢你了! 上次要不是你,我可能就再也看不到我女儿了。"

"对不起,我不明白您的意思。"史密斯一脸迷惑地问道。

"上次,在中央公园里,就是你,就是你把我失足落水的女儿从湖里救上来的!"老人肯定地说道。

史密斯明白了事情的原委,原来他把自己错当成他女儿的救命恩人了:"先生,您肯定认错人了! 不是我救了您女儿!"

"是你,就是你,不会错的!"老人又一次肯定地回答。

史密斯面对这个感激不已的老人只能做些无谓的解释:"先生,真的不是我! 您说的那个公园我至今还没去过呢!"

听了这句话,老人松开了手,失望地望着史密斯:"难道我认错人了?"

史密斯安慰老人:"先生,别着急,慢慢找,一定可以找到救你女儿的恩人的!"

后来,史密斯接到了录取通知书。有一天,他又遇见了那个老人。史

密斯关切地与他打招呼，并询问他："您女儿的恩人找到了吗？""没有，我一直没有找到他！"老人默默地走开了。

史密斯心里很沉重，对旁边的一位司机师傅说起了这件事。不料那司机哈哈大笑："他可怜吗？他是我们公司的总裁，他女儿落水的故事讲了好多遍了，事实上他根本没有女儿！"

"噢？"史密斯大惑不解。那位司机接着说："我们总裁就是通过这件事来选人才的。他说过有德之才才是可塑之才！"

史密斯被录用后，兢兢业业，不久就脱颖而出，成为公司市场开发部总经理，一年为公司赢得了3500万美元的利润。当总裁退休的时候，史密斯继承了总裁位置，成为美国的财富巨人，家喻户晓。后来，他谈到自己的成功经验时说："一个一辈子做有德之人的人，绝对会赢得别人永久的信任！"

品格是一个人身上最为重要的东西。拥有高尚品格的人散发着一种迷人的气质，这种气质会吸引人们向它靠拢。人人都喜欢同拥有高尚品格的人交往，而不喜欢与卑微人格的人交往。人生道路，不管你是用人还是为人做事，都要记住：只有品格高尚的人才受欢迎，这有助于你走上成功之道。

02　真诚待人

就像在竞技场上包容对手那样包容别人。就像我所说的，避开他们就可以了，不要有任何怀疑和仇恨。

——马可·奥勒留　《沉思录》

真诚就是真实、诚恳、不虚伪、不说谎、表里如一。做人就要真诚。真诚才能让人信任，真诚才能心里坦荡，真诚才会得到别人的尊重。我国著名的翻译家傅雷先生说："一个人只要真诚，总能打动人的。即使人家一时不了解，日后便会了解。"

真诚地对待别人，可以与人架起心灵之桥，通过这座桥，打开对方心灵的大门，并在此基础上并肩携手，合作共事。但是真诚待人，并不是不分场合、时机，盲目地对人真诚。值得真诚相待的人和事，绝对不能轻率应付；不该付出真诚的人和事，就要酌情对待，以免被他人利用。

真诚是一种美德，诚实待人可获得好人缘；真诚是一种胸怀，利益面前能坦诚相待；真诚是一种境界，它需要有勇气去面对自己的错误。真诚的人容易受到机会的青睐，而这些机会可能正是你身边那些受过你真诚相待的朋友为你创造出来的。

真诚地对待别人，要坦荡无私，光明正大。待人心诚一点，守信一点，能获得他人的信赖、理解，能够得到更多人的支持、合作，因此会获得更多的发展机会。

柏年在美国的律师事务所刚开业时，连一台复印机都买不起。移民潮一浪接一浪地涌进美国时，他接了许多移民的案子，常常深更半夜被唤到移民局的拘留所领人，还不时地在黑白两道间周旋。他开着一辆掉了漆的汽车，在小镇间奔波，兢兢业业地做律师。终于媳妇熬成了婆，电话线换成了四条，扩大了办公室，又雇用了专职秘书、办案人员，气派地开起了“奔驰”，处处受到礼遇。

然而，天有不测风云，一念之差，他将资产投资股票而几乎亏尽；更不巧的是，岁末年初，《移民法》又被再次修改，职业移民名额削减，顿时门庭冷落。他想不到从辉煌到倒闭几乎是一夜之间发生的事情。

而就在这时，他收到了一家公司总裁写给他的一封信，信中写道：愿意将公司30%的股权转让给他，并聘他为公司和其他两家分公司的终身

法人代理。他不敢相信自己的眼睛。他找上门去，总裁是个只有40出头的波兰裔中年人。

“还记得我吗？”总裁问。

他摇摇头。总裁微微一笑，从硕大的办公桌的抽屉里拿出一张皱巴巴的5元钱汇票，上面夹的名片印着柏年律师的地址、电话。柏年实在想不起还有这一桩事情。

“10年前，在移民局里，”总裁开口了，“我在排队办工卡，排到我时，移民局已经快关门了。当时，我不知道工卡的申请费用涨了5元钱，移民局不收个人支票，我又没有多余的现金，如果我那天拿不到工卡，雇主就会另雇他人了。这时，是你从身后送了5元钱上来。我要你留下地址，好

把钱还给你，你就给了我这张名片。”

他也渐渐回忆起来了，但是仍将信将疑地问：“后来呢？”

“后来我就在这家公司工作，很快我就发明了两项专利。我到公司上班后的第一天就想把这张汇票寄出，但是一直没有。我单枪匹马来到美国闯天下，经历了许多冷遇和磨难。这5元钱改变了我对人生的态度，所以，我不能随随便便就寄出这张汇票。”

与人交往贵在真诚，没有人希望自己真诚相待的朋友反过来算计自己。真诚相待是结交朋友的一项准则，一旦发现对方的缺点和错误，特别是关系到他事业方面的，要及时指出，并督促其立即改正，这样，彼此的心灵得以沟通，友情才得到发展。但是，对人真诚应该注意以下几点：

1. 真诚要发自内心

如果你待人的心不诚，即使话说得再动听也毫无意义。心口不一只会让他人心生反感。任何人都不是糊涂之辈，定会揭穿你以假象蒙人的阴谋，因为内心不诚，终究是会被对方发现破绽。所谓“贪者心劳日拙，佞人窘态尽露”，便是这种人的真实写照。真诚是真实内心的自然涌现，所以能直接感动对方，和对方内心的真实情感产生共鸣和交流，而且超越了现实利益的层次。这是人性中“善”的作用，是很奇妙也很微妙的现象。

2. 欺骗是真诚的死敌

真诚的本质是不虚假、没有欺骗，也没有心术的一种情感，只有这种情感才能真正地感动对方，让对方接受你，认同你。

在人际交往中，最忌讳的就是采用欺骗的手段对待朋友。欺骗也许能得一时之利，但绝对不会维持长久，迟早会被人察觉，一旦东窗事发，你的形象在他人心目中会一落千丈，即使以后你再用真诚待人，别人也会认为那是一种虚伪的姿态，对你失去信任。

3. 对人真诚要分清状况

对人真诚应当知人而交，当你付出真诚之心时，要先弄清楚对方是怎样一个人，不可对一个颇有心计的人敞开心扉，畅所欲言，这样最终受伤害的是你自己。

这三条真诚的准则看起来或许微不足道，但是如果你能按照这三个准则去做，便能体会到其中的巨大力量，使你受益无穷。而最终你会明白，其实任何一件有价值的事，都有它本身不容违背的真正内涵。当你探究其中的真谛时，自己的做人方法也在逐渐完善。

真诚有三种限制：一是人，二是时，三是地。对人真诚、袒露胸臆时必须具备这三个条件。时机成熟，倾诉的对象不对，便不能倾诚相待；是其人但时机不对，不能一吐为快；倾诉对象和时机都成熟，但地点不对，仍旧不能吐露真言。只有同时符合上述三个条件，才能拿出你的真诚。

总之，真诚待人是一种习惯，习惯的养成来源于生活中的小事，与无声处听雷，小事体现出的真诚同样富有强烈的感染力。你若以一颗真诚的心对待别人，你总会发现，在不起眼处，发自内心的真诚常常会令人感动不已。

真诚是做人的基本准则，也是人生事业进步的阶梯。当你将一颗真诚的心交给对方时，对方也一定回报你一份真挚、浓厚的感情。但是，请记住这样一条准则：在真诚待人的同时，要针对不同情况区别对待，以免自己的真诚被别有用心的人利用。

03　和气友善

损害他人也是损害自己；对别人不义，也就是对自己不义，因为他使自己变坏了。

——马可·奥勒留　《沉思录》

友善待人、和气相处是一个人有修养的表现，有修养的人肯定是别人愿意交往的对象，而这样才能加深彼此的感情，扩大人际关系。如果你动不动就发脾气，对人家说出一两句不中听的话，你自己可能有了一种发泄的快感，但对方可能就会因此对你产生不满，甚至厌恶。

威尔逊总统曾经说："如果你握紧一双拳头来见我，我想，我的拳头会握得比你更紧。如果我们坐下，好好商量，看看彼此意见相异的原因是什么。我们就会发觉，彼此的距离并没有那么大，相异的观点也并不多，而且看法一致的观点反而很多。你也会发觉，只要我们有彼此沟通的耐心、诚意和愿望，我们就能沟通。"

杰克是一位布商，最近由于一位对手的竞争陷入困境。

对方在他的经销区域内定期走访印染厂与客户，告诉他们杰克的公司不可靠，他的布质量不好，尺码不足，生意也面临即将停业的境地。杰克知道这件事后，非常愤怒，想找个机会报复一下这个家伙。

有一天，杰克听了一位牧师在讲道，主题是要施恩给那些故意跟你为难的人。杰克告诉牧师，就在上个星期五，他的竞争者使他失去了一份30万匹布的订单，但是，牧师却教他要包容对手，化敌为友，而且他举了很多例子来证明自己的理论。

当天下午，杰克在安排下周的日程表时，发现住在华盛顿的一位客户正要为员工定制新工作服而需要一批布。可是这位顾客所指定的布料不是杰克的公司所能制造供应的，而与杰克的竞争对手出售的产品很相似。同时杰克也确信那位满嘴胡言的竞争者完全不知道有这笔生意的机会。

这使杰克感到为难，如果遵从牧师的忠告，他觉得自己应该告诉对手这笔生意的机会，并且祝他好运。但是如果按照自己的本意，他只希望对手永远也没有生意。

杰克内心挣扎了一段时间，最后，他还是听从了牧师的劝导，于是杰克拿起电话打给竞争者。

杰克很有礼貌地直接告诉他有关华盛顿的那笔生意机会，爱乱说话的对手难堪得一句话都说不出来。但是，他很感激杰克的帮忙。杰克又答应打电话给那位住在华盛顿的客户，推荐由对手来承揽这笔订单。

后来，杰克得到非常惊人的结果，对手不但停止散布有关他的谣言，甚至还把自己无法处理的一些生意转给杰克做。现在，他们已经成为了好朋友。

很多时候，如果别人不小心冒犯了你，如果你"尊颜大怒"，恶言斥责，会显示出你的粗野蛮横、小肚鸡肠。这样不仅当事人对你失去好感，其他人也会从此与你保持一定的距离。相反，如果你遵循"待人友善，抑制愤怒"的处世原则，给对方一个台阶下，他常常会对你异常感激，并以某种方式来回报你。

巴顿是美国著名的战将，但他毫无城府，爱放"大炮"，不但使上司颇为难堪，而且自己也失去了不少人缘，被同事们称为"和平时期的战争贩子"。

1925 年，巴顿到夏威夷的斯科菲尔德军营担任师部的一级参谋。一年后，他被升为三级参谋。巴顿的工作主要是负责对战术问题和部队的训练提出建议并进行检查，但他经常越权行事。

1926 年 11 月中旬，他观看了第 22 旅的演习，对这次演习非常不满。他直接向旅指挥官递交了一份措辞激烈的意见书。他的这种做法是纪律所不允许的，因为他只是一名少校，无权指责一名准将指挥官。这样一来，他便招致了上司的非议和怨恨。但巴顿并未吸取教训。1927 年3 月，在观看了一场营级战术演习后，他又一次大发其火。他指责营指挥官和其他人员训练无素，准备不足，没有达到预定的目标。虽然这次他很明智地请师司令部副官代替师长签了名，但其他军官心里很清楚，这又是巴顿搞的鬼，所以联合起来一致声讨巴顿。众怒难犯，师长没有办法，只好把这位爱放"大炮"的参谋从三级参谋的位置上撤下来，降到二级。

巴顿仗着自己有一些思想和能力，就处处与人作对，而且还随意指责上级。这样的人当然是众人的“眼中钉”，所以虽然巴顿有真才实干，但是他待人不友善，触犯了众怒，最终师长还是无奈地把他降职了。

其实，温和与友善，总是要比愤怒和暴力更强而有力。下面这个例子便很好地证明了这个道理。

那些年，波士顿的报纸上充斥着堕胎专家和庸医的广告，表面上是给人治病，实际上却是用恐吓的方式，类似“你将失去性能力”等可怕的词句，欺骗那些无辜的人。他们害死了许多人，却很少被定罪。他们只要缴点罚款或利用政治关系，就可以逃脱罪责。

这种严重的情况激起了波士顿很多善良民众的义愤。传教士拍着讲台痛斥报纸，祈求上帝能终止这种广告。公民团体、商界人士、妇女团体、教会、青年社团等一致公开指责，大声疾呼。然而，一切都无济于事。议会掀起争论，要使这种无耻的广告不合法，但是在集团利益和政治的影响力之下，所有的努力都付之东流。

华尔医师是波士顿基督联盟的善良民众委员会主席，这个联盟的委员会用尽了一切方法也没有成功。这场抵抗医学界败类的斗争，似乎没有什么成功的希望。

有一天晚上，华尔医师尝试了波士顿还没有人试过的一个办法，为了让报社自动停止刊登那种江湖郎中的广告，他给《波士顿先锋报》的发行人写了一封信，表示他多么仰慕该报，该报纸新闻真实，社论尤其精彩，是一份完美的家庭报纸，他经常阅读该报。华尔医师还表示，以他的看法，它是波士顿地区最好的报纸，也是全美国最优秀的报纸之一。“然而，”华尔医师说道，“我的一位朋友告诉我，有一天晚上，他的女儿听他高声朗读贵报上有关堕胎专家的广告，并问他那是什么意思。老实说，他很尴尬，他不知道该怎么回答。贵报深入波士顿众多家庭，既然这种场面发生在我的朋友家里，在别的家庭也难免会发生。如果你也有女儿，你愿意让她看到这种广告吗？如果她看到了，还要你解释，你该怎么回答呢？”

“很遗憾，像贵报这么优秀的报纸——其他方面几乎是十全十美的——却有这种广告，使得一些父母不敢让家里的女儿阅读。可能其他成千上万的订户都和我有同感吧！”华尔医师最后写道。

两天以后，《波士顿先锋报》的发行人给华尔医师回了一封信。

亲爱的先生：

11日致本报编辑部来函收纳，至为感激。贵函的正言，促使我实现本人自接掌本职后，一直有心于此，但未能痛下决心的一件事。

从下周一起，本人将促使《波士顿先锋报》摒弃一切可能招致非议的广告。暂时不能完全剔除的广告，也将谨慎编撰，不让它们造成不良影响。

有时候，友善地对待他人，能较好地推动人们相互之间的理解与合作，很多事情就能顺理成章地完成，很多从前解决不了的问题也会迎刃而解。

04 包容别人

如果有人责骂你、憎恶你,或者有类似的表现,那么就去接近他们可怜的灵魂,深入其中,看看他们是什么样的人。你就可以了解,他们对你的想法,你根本无需介意。然而,你还需善待他们,因为从本性上说,他们是你的朋友。

——马可·奥勒留 《沉思录》

曹植曾言:“天称其高者,以无不覆;地称其广者,以无不载;日月称其明者,以无不照;江海称其大者,以无不容。”这句话的意思是说,天之所以说它如此之高,是因为没有什么是它不能覆盖的;地之所以说它如此广阔,是因为没有什么是它不能承载的。而把这个道理用在与人相处上,就是要我们对待他人要有容人的雅量,应该学会包容别人,容忍别人对你的敌对行为。

包布·胡佛是一位著名的试飞员,并且常常在航空展览中表演飞行。一天,他在圣地亚哥航空展览中表演完毕后飞回洛杉矶。正如《飞行》杂志中所描写的,在空中300米的高度,两具引擎突然熄火。由于他熟练的技术,他操纵了飞机着陆,但是飞机严重损坏,所幸的是没有人受伤。

在迫降之后,胡佛的第一个行动是检查飞机的燃料。正如他所预料的,他所驾驶的第二次世界大战时的螺旋桨飞机,居然装的是喷气机燃料而不是汽油。

回到机场以后,他要求面见为他保养飞机的机械师,那位年轻的机械师为所犯的错误而极为难过。当胡佛走向他的时候,他正泪流满面。他造成了一架非常昂贵的飞机的损失,差一点还使一个人失去了生命。

你可以想象胡佛必然大为震怒,并且预料这位事事要求精确的飞行员必然会痛责机械师的疏忽。但是,胡佛并没有责骂那位机械师,甚至没有批评他。相反的,他用手臂抱住那个机械师的肩膀,对他说:“为了显示我相信你不会再犯错误,我要你明天再为我保养飞机。”

中国有句俗话叫“得饶人处且饶人”,在现实生活中,人与人之间难免会出现摩擦和冲突,如果谁也不礼让,有可能会产生更大的冲突。

有人说,包容别人,那就是让自己吃亏,至少很没面子。而实际上,包容别人恰恰表现出一个人高尚的品德。

第二次世界大战期间,一支部队在森林中与敌军相遇,双方激战后,两名战士与部队失去了联系。这两名战士来自同一个小镇。

两人在森林中艰难跋涉,他们互相鼓励、互相安慰。10 多天过去了,仍未与部队联系上。这一天,他们打死了一只鹿,依靠鹿肉又艰难地度过了几天。也许是战争使动物四散奔逃或被杀光了,从这以后他们再也没看到过任何动物。他们仅剩下的一点鹿肉,背在较为年轻战士的身上。这一天,他们在森林中又一次与敌人相遇,经过再一次激战,他们巧妙地避开了敌人。就在自以为已经安全时,只听一声枪响,走在前面的年轻战士中了一枪——幸亏伤在肩膀上！后面的那个战士惶恐地跑了过来，他害怕得语无伦次，抱着战友的身体泪流不止，并赶快把自己的衬衣撕下包扎战友的伤口。

晚上，未受伤的那个战士一直念叨着母亲的名字，两眼直勾勾的。他们都以为他们熬不过去了，尽管饥饿难忍，可他们谁也没动身边的鹿肉。谁都不知道他们是怎么过的那一夜。第二天，部队救出了他们。

时隔30年，那位受伤的战士安德森说："我知道谁开的那一枪，他就是我的战友。当时在他抱住我时，我碰到他发热的枪管。我怎么也不明白，他为什么对我开枪？但当晚我就宽容了他。我知道他想独吞我身上的鹿肉，我也知道他想为了他的母亲而活下来。此后30年，我假装根本不知道此事，也从不提及。战争太残酷了，他母亲还是没有等到他回来，我和他一起祭奠了老人家。那一天，他跪下来，请求我原谅他，我没让他说下去。我们又做了几十年的朋友，我宽容了他。"

只有包容，才能"愈合"不愉快的伤口。包容，往往折射出一个人处世的涵养和情操。学会包容别人，就是学会包容自己。给别人一个改过自新的机会，就是给自己一个更广阔的空间。

包容绝不是面对现实的无可奈何，也不是软弱，而是一种智慧的生存方法，它可以改变你的心态，快乐地生活。学会包容，意味着你不再心存疑虑，更将会让你获益终生。

05　袒露诚实之心

我还学会了始终坚定不移地尊重哲学；乐于助人，热心施舍；心存善念，相信朋友；我还观察到，对于那些跟他意见相左的人，他能够坦率地直言相告，朋友们也无需揣测他期待什么还是不期待什么，因为他向来心胸坦荡。

——马可·奥勒留　《沉思录》

“一个人可以没有荣誉，但不可以没有诚实。”这是一个西方哲学人的经典名言。为人诚实，就是说实话、办实事、做老实人。如果我们为人诚实，会在他人的心目中留下良好的印象。而有了诚实这张通行证，你就会在生活中畅通无阻，一帆风顺。

汉代有一位名叫朱晖的人，在其读书的时候，结识了一位大官名叫张堪，恰好两人是同乡，张堪很器重他。但朱晖认为自己只是一名学生，不敢与人交往过密。有一次，张堪对朱晖说，你真是一个自持的人，值得信赖，我愿把身家与妻儿托付给你。因为张堪是一位德高望重的前辈，朱晖对此重言不知如何反应，只是恭敬地拱手相应。后来，张堪死了，因为为

官清廉，死后没留下什么丰厚的家产。朱晖其实早已与张堪不通音讯，但知道张堪去世的消息后，感于张堪的知遇之恩，便千方百计地对其家人济以钱粮，并经常去问寒问暖。朱晖的儿子不解地问：“爸爸，我们以前没有

听说过你与张堪有什么厚交,你为什么如此厚待他家的人?”朱晖说:“张堪生前,曾对我有知己相托之言,我当时已答应了,做人不能欺骗别人,更不能欺骗自己。”

要做到诚实,就要淡泊金钱名誉等充满诱惑力的东西。如果对这些东西孜孜以求,就会泯灭良心。不诚实,就会变成不被人相信的人。而诚实不但能使我们求得良心的安稳,也能帮助我们获得别人的信任,取得事业的成功。

在华盛顿举办的美国第四届全国拼字大赛中,南卡罗来纳州冠军——11岁的罗莎莉·艾略特一路过关,进入了决赛。当她被问到如何拼“承认”(avowal)这个词时,她轻柔的南方口音,使得评委们难以判断她说的第一个字母到底是A还是E。

评委们商议了几分钟之后,将录音带倒带后重听,但是仍然无法确定她的发音是A还是E。

解铃还得系铃人。最后,主评约翰·洛伊德决定,将问题交给唯一知道答案的人。他和蔼地问罗莎莉:“你的发音是A还是E?”

其实,罗莎根据他人的低声议论,已经知道这个字的正确拼法应该是A,但她毫不迟疑地回答,她发音错了,字母是E。

主评约翰·洛伊德又和蔼地问罗莎莉:“你大概已经知道了正确的答案,完全可以获得冠军的荣誉,为什么还说出了错误的发音?”

罗莎莉天真地回答说:“我愿意做个诚实的孩子。”

当她从台上走下来时,几乎所有的观众都为她的诚实而热烈鼓掌。

诚实不是写在脸上,也不是挂在嘴边,而是要求你学会用一种对人、对己负责的态度去面对一切,这是一个追求成功的人必须具备的品质。

在现实生活中,我们所面临的环境可能会十分复杂,面对的诱惑可能会多种多样,但这并不能妨碍我们袒露诚实之心。人可以穷困潦倒,但绝不能志短。因此,一个人从小就应该说话诚实,做事诚实,要清醒地挣脱各种利益的引诱和束缚,要靠自己的双手去创造财富,这样用起来才问心无愧。

06　善于倾听

使自己习惯于细心地倾听别人说话,尽可能地深入到说话者的内心里去。

——马可·奥勒留　《沉思录》

大多数人都喜欢表达自己的想法,将自己感兴趣的东西讲给别人听,或者听与自己有关的东西。正是在这种心态的驱使下,我们要么夸夸其谈地说个不停,要么对别人的话题漠不关心,在别人说话的时候心不在焉,甚至还会非常不礼貌地打断别人的谈话——这都是人际交往过程中的大忌。

事实上,在交流的过程中,倾听是最好的表达方式,沉默有时是最好的语言。不仅你希望表达自己的意见,别人也希望表达他们的意见,如果你懂得在适当的时候认真倾听,而不是与别人争夺话语权,往往能收到更好的沟通效果。

西方有句格言:这个世界上最难得的,就是有人愿意倾听自己说话。倾听是一种态度,也是一种人际交往的技巧,一种建立良好人际关系的有效策略。如果你想成为一个交际高手,那么就要先学会做一个优秀的听众。

有这样一个故事:有个小国派使者到中国来,进贡了三个一模一样的金人,金碧辉煌,把皇帝高兴坏了。可是这个小国不厚道,同时出一道题目:这三个金人哪个最有价值?

皇帝想了许多的办法,请来珠宝匠检查,称重量,看做工,都是一模一样的。怎么办?使者还等着回去汇报呢。泱泱大国,不会连这个小事都不懂吧?

最后,有一位老大臣说他有办法。

皇帝将使者请到大殿,老臣胸有成足地拿着三根稻草,分别插入三个金人的耳朵里。插入第一个金人的耳朵里,稻草从另一边耳朵出来了。第二个金人的稻草从嘴巴里直接掉出来,而第三个金人,稻草进去后掉进了肚子,什么响动也没有。老臣说:第三个金人最有价值!

使者默默无语,因为:答案正确。

现实中,我们常常会遇到情绪反应强烈的人,这时候,或许最好的办法就是认真地倾听,让他充分发泄。其实,很多时候,人们对你喋喋不休,并不是想让你给他出主意,而只是想倾诉而已。

也许你会认为倾听是一种被动的交往方式,而事实上,却是一种非常积极的以守为攻的交际技巧。它能帮助你摸透对方的想法,使你在与他的交往中获得主动权。

被称为世界第一保险推销员的哈默里,曾经打破了保单销售的吉尼斯世界纪录。在谈到成功秘诀时，他说：“其实并没有什么特殊的技巧，当我遇到一个喜欢谈话的客户的时候，我会非常认真地听他讲话，直到令他满意为止。当我遇到一个沉默寡言的客户的时候，我就会提出各种各样的问题请他回答，直到找到他感兴趣的话题，然后让他继续谈下去，我则会专心地听他讲。”就是凭借着这样的沟通技巧，哈默里在一年内销售了上千万美元的保单。

当然，倾听本身也是讲究技巧的，并不是说在别人说话的时候保持沉默就算是倾听。你必须让说话者知道你在听，知道你对他所说的话很感兴趣，你很重视他所说的话。你必须集中注意力，积极有效地倾听。

第一，和说话者保持目光交流。

第二，通过微笑、点头、身体前倾等适当的表情和姿势体现出你对对方所谈话题的关注，示意他继续说下去。

第三，对对方所说的做出必要而及时的积极反应：如果你想表示肯定或自己听懂了，可以使用简单的“是”“对”“明白”“我也这么认为”等话语；对对方提到的重点词句，你可以加以重复，以确定其含义或表示强调；必要的时候你也可以适当地提问，以便将谈话引向深入。

世界著名的摄影记者伊斯阿克·马可逊采访过许多国际风云人物，他曾说：“世间有很多人之所以不能给别人留下好印象，就是因为他们不善于倾听别人的谈话。他们只关心自己想要说什么，却从来不等别人把话说完。许多成功人士告诉我，他们所喜欢的就是那些能够认真倾听别人讲话的人。养成认真倾听别人讲话的习惯同其他优秀的品格一样重要。”

善于倾听别人讲话不但能更好地了解对方，增强双方沟通的效果，还体现你的良好修养,使人乐于与你交往。

07 多想想别人

别人自有别人的想法,他们也有他们的意图。你绝不可旁顾,径直向前走。

——马可·奥勒留 《沉思录》

处处考虑别人的感受,处处替别人着想,是一种高尚的品格。谁能有这样的品格,谁就会赢得别人的尊敬,赢得更多的机会。

人称“经营之神”的日本著名企业家松下幸之助有一次在一家餐厅招待客人,一行六个人都点了牛排。等六个人都吃完主餐,松下让助理去请烹调牛排的主厨过来,他还特别强调:“不要找经理,就找主厨。”

助理注意到,松下只吃了一半的牛排,心想一会儿的场面可能会很尴尬。

主厨来时很紧张,因为他知道找自己的客人来头很大。

“先生,您好!我是这家餐厅的主厨,您找我是不是牛排有什么问题?”主厨紧张地问。

“不,牛排真的很好吃,你烹调牛排的技术很娴熟,”松下说,“但是我只能吃一半。原因不在于厨艺,因为我已 80 岁了,胃口大不如前。”

主厨与其他的五位用餐者困惑得面面相觑。

松下接着说:“我想当面和你谈,是因为我担心,当你看到只吃了一半的牛排被送回厨房时,心里会难过。”

大家终于明白了怎么一回事。

客人在旁听见松下如此说,更佩服松下的品格,并更喜欢与他做生意了。

做事多想想别人，也许在无意中就会有一种美丽的收获。就像我们去坐火车去某一个地方，如果只想着目的地，而对沿路的风景不屑一顾，那么这趟旅行便少了很多乐趣。而我们的人生就像是一趟旅行，旅行中我们会遇到很多人，多为别人想想，那么一路上我们就会多一段美丽的友情！

曾经有一座高山上住着一位高僧，每天这个高僧都要挑着两只桶到山下打水，以浇山上的菜园。时日久了，有一只桶便破了，开裂了一道缝，直到桶的腰际。从山上到山下的路崎岖不平，每次在山下小溪边灌满桶，但是到山上就只剩下半桶了。有的路人看到了觉得很疑惑，就问那位高僧为何不把桶修一下再挑水呢？高僧笑了笑，指着山路一边的许多不知名的野花说："如果不是这样，路边怎么会有这么多赏心悦目的花呢？我挑水浇的是菜园，也是这路边的美丽啊！"路人听了，看看山路上，开着花的那边真是那只漏桶的那边。

人与人交往的最高境界就是能够自然和谐地相处。在为人处世中，你应该有一颗包容之心；在与他人交往的时候，应该有一颗宽忍之心，认可对方的价值和存在，设身处地地多替别人想想。这样才能拉近心与心的距离，增进人与人之间的感情，增进友谊，避免无意义的争端。

然而，在现实生活中，总有一种人常常摆出一副自以为是、盛气凌人的样子，难以与人和谐相处。与人交往时，一定要摆正自己的心态，用平等的眼光看待自己和他人，以和为贵，用诚恳的态度、热情洋溢的态度来赏识他人、赞美他人，这种做法能消除隔阂，融洽关系，拉近和朋友之间的距离，制造一种和谐自然的交际氛围，有利于友情巩固和进一步发展。相反，如果目空一切，一味地抱怨别人、指责别人，使自己的人际交往充满了火药味，这是一种不和谐的交际氛围，不利于彼此间友谊的建立和深化。

第三章　理智地行动

01　需要改变的仅仅是心态

做事要勤恳且毫无怨言，始终表里如一，不口是心非，不抱有任何恶意，积极主动地面对遇到的人和事。

——马可·奥勒留　《沉思录》

在人生的道路上总会碰到低谷的时候，难免会产生消极的情绪。消极的情绪是成功路上的绊脚石，不可取但有时又不可避免，过度的压抑也并不是一个好的解决方法，真正能帮助你摆脱消极情绪困扰的方法是如何调节自己的心态。

拿破仑曾说："人与人之间只有很小的差异，但是这种很小的差异却可以造成巨大的差异。很小的差异即积极的心态还是消极的心态，巨大的差异就是成功和失败。"

在美国的一座山丘上，有一间不含任何有毒物、完全以自然物质搭建而成的房子，里面的人需要由人工灌注氧气，并只能以传真与外界联络。

这间房子的主人叫辛蒂。1985年，辛蒂在医科大学念书，有一次到山上散步，带回一些蚜虫。她拿起一种试剂为蚜虫去除化学污染，却感觉到一阵痉挛，原以为那只是暂时性的症状，谁料到自己的后半生就毁于这一刻。试剂内含的化学物质使辛蒂的免疫系统遭到破坏。她对香水、洗发水及日常生活接触的化学物质一律过敏,连空气也可能使她支气管发炎。这种“多重化学物质过敏症”是一种慢性病,目前尚无药可医。

患病头几年,辛蒂睡觉时口水流淌,尿液变成了绿色,汗水与其他排泄物还会刺激背部,形成疤痕。她不能睡经过防火处理的垫子,否则便会引发心悸。辛蒂所承受的痛苦是令人难以想象的。1989 年,她的丈夫吉姆用钢与玻璃为她盖了一个无毒的空间,一个足以逃避所有威胁的“世外桃源”。辛蒂所有吃的、喝的都经过特殊的选择与处理,她平时只能喝蒸馏水,食物中不能有任何化学成分。

8 年来,35 岁的辛蒂没有见到过漂亮的花草,听不见悠扬的声音,感觉不到阳光、流水。她躲在没有任何饰物的小屋里,饱尝孤独之余,还不能放声地大哭。因为她的眼泪会和汗水,可能成为威胁自己的毒素。

但坚强的辛蒂并没有在痛苦中自暴自弃,她不仅为自己、也为所有化学污染物牺牲者争取权益而奋战。1986 年,辛蒂创立“环境接触研究网”,致力于此类病变的研究。1994 年再与另一组织合作,另创“化学伤害资讯网”,保障人们免受威胁。目前这一“资讯网”已有 5000 多名来自 32 个国家的会员,不仅发行刊物,还得到美国国会、欧盟及联合国的支持。

生活在这寂静的无毒世界里,辛蒂却感到很充实。因为不能流泪使她选择了微笑。

人生之路就是因为有壮丽高山也有低洼沼泽才多姿多彩,平坦走到头的人生总让人觉得少了些什么。

人生之路犹如白流入海一样,不会是一帆风顺、一路坦荡,总是要经历风风雨雨,坎坎坷坷,这时候,如果我们能改变自己的心态,以一种积极的眼光来看待世界,你会发现整个世界都将变得不同。

成功学大师戴尔·卡耐基告诉我们,心情在于自己的选择,我们以怎样的态度去面对生活，我们的生活就是怎样的。当我们心态积极时，我们就会觉得生活的美好；当我们悲观消极时，我们的生活就会变得更加糟糕、艰难。卡耐基曾经在一次演讲中讲述了他的一位学生的亲身经历。

不知从什么时候开始，他陷入了恐惧不安和忧愁烦恼之中，开始怀疑一切，担心自己是不是太瘦了？担心自己会不会患上重病？经常脱落的头发会不会掉光？会不会遇上意外事故？万一失业了怎么办？买不起房子住什么？找不到满意的女朋友怎么办？……他越想越害怕，越想越不安，开始烦躁紧张、情绪失落、经常失眠。最后，他接近于精神崩溃，无法安心工作，只好主动提出辞职。但辞职之后，他的精神压力更大，心理更紧张、更痛苦，甚至有了自杀的念头。

当父亲发现这一切的时候，就劝他换换环境，出去旅行。于是，他带上父亲借给他的旅行费用和父亲给他的一封信，向一座海滨城市出发了。临行前，父亲一再叮嘱他，不到目的地不要打开他的信。此时正是旅游旺季，这座海滨城市又是度假胜地，大部分饭店都挂出了“客满”的牌子，他非常沮丧，费尽周折才找到一个小房间落脚。他原计划在这里找一份工作的，但几天奔波下来，收获甚微，他更加失望。万般无奈之下，他打开了父亲的信，信中的内容是这样的：

我的孩子，你现在已经到了离家上千公里的地方，是不是觉得情况并没有什么改变，甚至更加糟糕？其实我早已料到。你知道这是为什么吗？因为不论你走到哪里，你自己并没有改变，你的心中始终携带着烦恼。孩子，其实你和环境都没有什么大问题，问题的关键就在于你自己的思想以及你的思维方式，因为人是受思想控制的。如果你能明白这个道理，那你就可以回来了。要知道，能改变错误思想和消极态度的人将是真正的成功者，如果你能做到，你的生活将会发生重大转变。

他睡了一晚，第二天启程回家。他明白了，他需要改变的是自己的态度、自己的思维方式。一星期之后，他又回到了原来的单位。3 年之后，

他有了自己的房子，并和自己爱的人结了婚。他原来只是一家超市的普通员工，现在已经是8家连锁超市的小老板，他还准备开多家分店。

许多时候，我们不能改变世界，但是我们能够改变自己的心态，以积极乐观的心态来面对一切。态度一旦改变，心也会随着改变。当你微笑地看着世界的时候，世界就是阳光灿烂的。保持积极的心态，就会有积极的人生。

如果翻阅成功人士的成功史，我们不难发现，他们之所以能够领先于别人而出人头地，是因为他们都能保持积极的心态并能积极行动起来的缘故。很多时候，事情并没有改变，我们只需要改变我们所关注的焦点，改变我们的心态，一切都将不同。

如果一个人在46岁的时候，在一次很惨的机车意外事故中被烧得不成人形，4年后又在一次坠机事故后腰中部以下全部瘫痪，会怎么样？我们能想象出后来他却变成了百万富翁、受人爱戴的公共演说家、洋洋得意的新郎官及成功的企业家吗？我们能想象出他会去泛舟、玩跳伞，并且在政坛角逐一席之地吗？

但这一切，米契尔全做到了，甚至有过之而无不及。在经历了两次可怕的意外事故后，他的脸因植皮而变成了一块彩色板，手指没有了，双腿非常细小，无法行动，只能瘫痪在轮椅上。

那次机车意外事故，把他身上大部分的皮肤都烧坏了，为此他动了16次手术，手术后，他无法拿起叉子，无法拨电话，也无法一个人上厕所，但以前曾是海军陆战队员的米契尔从不认为他被打败了。他说："我完全可以掌控我自己的人生之船，那是我的浮沉，我可以选择把目前的状况看成是一个起点。"6个月之后，他又能开飞机了！

米契尔为自己在科罗拉多州买了一幢维多利亚式的房子，另外也买了房地产、一架飞机及一家酒吧，后来他和两个朋友合资开了一家公司，专门生产以木材为燃料的炉子，这家公司后来变成佛蒙特州第二大的私人公司。

在机车意外发生的4年后，米契尔所开的飞机在起飞时又摔回跑道，把他胸部的12条脊椎骨全压得粉碎，腰部以下永远瘫痪！

米契尔仍不屈不挠，日夜努力使自己能达到最高限度的独立自主，他被选为科罗拉多州孤峰顶镇的镇长，以保护小镇的美景及环境，使之不因矿产的开采而遭受破坏。米契尔后来也参加竞选国会议员，他用一句"不只是另一张小白脸"的口号，将自己难看的脸转化成一项有利的资产。

尽管刚开始面貌骇人、行动不便，米契尔却开始泛舟；他坠入爱河且完成终身大事；他拿到了公共行政硕士；并持续他的飞行活动、环保运动及公共演说。

米契尔屹立不倒的正面态度，使他得以在《今天看我秀》及《早安美国》节目中露脸，同时《前进杂志》《时代周刊》《纽约时报》及其他出版物也都有米契尔的人物特写。

米契尔说："我瘫痪之前可以做10000件事，现在我只能做9000件，我可以把注意力放在我无法再做的1000件事上，或是把目光放在我还能的9000件事上。告诉大家，我的人生曾遭受过两次重大的挫折，而我不能把挫折拿来当成放弃努力的借口。或许你们可以用一个新的角度,来看待一些一直让你们裹足不前的经历。你可以退一步,想开一点,然后,你就有机会说:'或许那也没什么大不了的!'"

积极主动才能适应变化多端的现实社会,消极被动只会让你沉溺于困境之中。而要保持什么样的心态,完全由我们自己来决定。

每个人都需要有一颗积极乐观的心。从现在开始,调整你的心态,以一种积极乐观的态度来对待一切,哪怕是你不喜欢或是不愿意去做的。相信很快你就会发现,你的生活正在改变,因你的积极乐观而变得更加美好。

02　保持冷静与理性

在任何场合的时候,你都要从内心深处清楚地认识你现在所拥有的条件,虔诚地默认你现在的条件;要公正地对待你周围的人,谨慎地完善你现在的思想,提防那些你还没有完全把握的念头混进你的思想。

——马可·奥勒留　《沉思录》

在任何情形之下,我们都要理性,保持一个冷静的头脑,即使一时束手无策也要保持镇定从容。如果人人都用理性来支配自己的行动,生活中人与人之间就会和睦相处。当你遭遇不公平的对待时,何不试试采用理性的行为,而不是报复。理性行为能让你由被动变主动,能让你的对手感到羞愧,能改善本已僵化的关系,能帮你度过危险时刻……

1992 年,美国总统候选人克林顿面临的对手是老布什。从外部形象看,年仅 46 岁的高大、英俊的克林顿当然比年纪老迈的布什占有很大的优势,但布什是一个很难对付的对手,是一个老牌政客,在从政经验的丰富与外交成就的显赫这两个方面，克林顿都无法同他相比。虽然如此，克林顿在电视辩论中并没有表现出咄咄逼人的架势，没有对其进行人身攻击，而是要在广大观众面前展示出一个沉着稳重、从容大度的形象。在1992年10月15日第二次电视辩论中，辩论现场只设一个主持人，候选人前面都没有讲桌，只有一张高椅子可坐，克林顿为了表示他对广大电视观众的尊敬，一直没有坐，并且在辩论中减少了对布什的攻击、把重点放在自己任阿肯色州州长12年间所取得的政绩上。克林顿的这种彬彬有礼的做法，立即赢得了广大电视观众的好感。

最后一次电视辩论中，克林顿英俊潇洒的姿态、敏捷的论辩与幽默机智的谈吐使他出尽风头。他对布什的责难不屑一顾，而是得体地对广大观众说："我既尊敬布什先生在白宫期间的为国操劳，又希望选民能鼓起勇气，敢于接受更佳人选。"话音刚落，掌声雷动。不久，克林顿成功当选美国总统。

当你遇到他人的无理时，要表现得有涵养、有耐性，更要学会以静制动，理性对待。挑起事端的一方常常是有备而来，必须要弄清对方来意与其最薄弱的地方是什么，然后才能确定进攻的突破口，从而一举制服对方。让对方出击，哪怕是狂轰滥炸也要泰然处之，理智地控制自己的情绪，待对方筋疲力尽之后，再冷静地予以反击，才能立于不败之地，这样更能彰显自己成熟和风度。

奥斯卡金像奖获得者——好莱坞明星保罗·纽曼，从影早期曾拍过一部失败影片，他的家人也不客气地把它评为“一部糟糕的影片”。若干年后，洛杉矶电视台突然决定重新在一周内连续放映该片，显然是有意在公众面前中伤他。

纽曼对此经过冷静思考后，决定来个异军突起，后发制人。他自费在颇有影响的《洛杉矶时报》上连续一周刊登大幅广告：“保罗·纽曼在这一周内每夜向你道歉！”此举轰动全美，大获全胜，他不仅未因此出丑，反而得到绝大多数人的同情、谅解，从而声誉大增，好评如潮，后来他终于获得第 59 届奥斯卡金像奖。

纽曼的胜利取决于冷静与理性。在当众受辱之后，既不暴跳如雷，也不萎靡不振，他保持心态的冷静，仔细、认真地分析面临的困境和挑战，找出主攻矛盾，然后奋起反击。公开坦然承认自己过去的失败，不但丝毫不会损害自己的形象，反而使对方陷入了被动的境地。

在现代生活中，做任何事情能够保持冷静与理性并不是一件容易的事情，但我们依然欣赏稳重的办事风格。相反，那些浮躁的人，无论做任何事情都比较容易冲动，完全凭着自己一股冲劲儿在前行，这样做的后果是什么呢？答案只能是失败，是毁灭。

03 要清楚自己该做什么

如果你现在做出的行为合乎公共利益,你的观点合乎一切事物的性情,你现在对一切来自于外界的事情都能感到满足——这就够了。

——马可·奥勒留 《沉思录》

美国一个研究成功学的机构曾经长期追踪100个年轻人,直到他们年满50岁。调查结果发现:只有一个人很富有,5个人有经济保障,剩下94个人情况不太好,可算是失败者。调查显示这94个人并非不够努力,而是他们不清楚自己该做什么,经常更换工作,不知道哪一项工作最适合自己。

通过这个调查,我们得出一个结论:在我们的一生中,清楚自己应该做什么是很关键的。

一天,一位教授的学生问他:"老师,我毕业后是去演讲,还是研究哲学?"教授没有立即回答学生的提问,他指了指面前的两把椅子,说:"你同时坐上去吧。"

学生照老师的话去做了,结果却坐到了地上。

"老师,我明白了。"学生从地上爬起来后,向教授深深地鞠了一躬。

每个人对一个事物都有一个主观的看法和评价,如果没有主见,你将找不到属于自己的路。生活中,那些碌碌无为的平庸之辈,大多都是浑浑噩噩、毫无主见的人,他们的生活从来没有一条主线,总是见异思迁,突然觉得什么有兴趣就去干什么。而那些生活中的成功者,他们总是很清楚自己在做什么事,从来不会因为困难而放弃自己的梦想。

蒙提·罗伯茨是圣司多罗一个牧马场的场主,他在一次活动的致辞

里提到这样一故事：初中时，有一次老师叫全班同学写作文。那一晚，一个小男孩费了很大的心血完成了作文，他描述了他的宏伟志向，那就是拥有一个属于自己的牧场。他仔细地画了一张200亩牧场的设计图，上面标有马厩和跑道的位置，在这一大片农场中央还要建一栋占地400平方米的豪宅。

两天后他拿回了作文，看到第一页上打了个又红又大的"F"，小男孩下课后带着作文去找老师："为什么给我不及格？"老师回答说："你小小年纪，不要老做白日梦。你没有钱，没有家庭背景，什么都没有，你别太好高骛远了。"他接着说："如果你肯重写一个不怎么离谱的志愿，我会重新给你打分。"小男孩回家反复思考了很久，然后征询父亲的意见。父亲对他说："儿子，这是非常重要的决定，你必须自己拿主意。"经过再三考虑，这个男孩决定原样交回。他告诉老师："即使拿个大红字，我也不愿意放弃梦想。"

"我讲这个故事，是因为各位现在就在这200亩农场及占地400平方米的豪宅，那份初中时写的作文我至今还保留着。"罗伯茨对大家说："有意思的是，两年前的夏天，那位老师带了30个学生来到我的农场露营一个星期，离开之前，他对我说：'蒙提，说来有些惭愧，你读初中时我曾泼你冷水,幸亏你有这样的毅力坚持自己的梦想。'”

在人生的道路上,奋斗是必不可少的经历,奋斗的人值得敬佩,但是奋斗不是盲目的。要好好运用自己的头脑和才智思考一下,奋斗的方向是不是自己希望的方向,有没有偏离了当初计划的方向。很多人在奋斗中都很迷茫,今天发现这个工作待遇不错就去做,明天又对那个工作有兴趣就跳槽,最终一事无成。

04 学会制怒

想想那宇宙中的万物,你不过是其中极其微小的一部分;想想那宇宙的时间,你拥有的也只是其中的一个瞬间;再想想那命运的安排,属于你的那一份又是多么微不足道!

——马可·奥勒留 《沉思录》

情绪是一种自然的心理反应,但并不是每一种情绪都有益。理性是成熟的表现,但凡是理性的人,肯定会受到尊敬,处理事情也果断明确,避免很多麻烦。很多时候,理性地处理事情,对人对己都有好处。理性的人基本上都可以主宰自己的情绪,驾驭自己的心灵。

我们的愤怒和苦闷是个奇怪的东西。对于懂得调适自己情绪的人而言,它们可以渐渐地淡下去,直到无影无踪;对于不懂得调适自己情绪的人而言,越控制它们,它们就越像一匹未驯的野马。

一次,拿破仑从他的间谍那里得到情报——外交大臣塔列朗密谋反对他。他匆忙从西班牙战场回到巴黎,立刻召集所有大臣开会。会上,拿破仑坐立不安,含沙射影地点明塔列朗的密谋,但塔列朗却没有丝毫反应。这时候,拿破仑无法控制自己的情绪,忽然逼近塔列朗说:“有些大臣希望我死掉!”但塔列朗依然不动声色,只是满脸疑惑地看着他,拿破仑终于忍无可忍了。

于是,拿破仑对着塔列朗狂喊道:“我给你极大的权力,赏赐你无数的财富,你竟然如此伤害我。你这个忘恩负义的东西,你什么都不是,不过是一团狗屎,我永远也不愿再见到你了。”说完,他转身离去了。其他大臣面面相觑,他们从来没有见过拿破仑如此状态。

塔列朗依然一副泰然自若的样子。在拿破仑走后,他慢慢地站起来,转身对其他大臣说:“真遗憾,各位绅士,如此伟大的人物竟然这样没礼貌。”

拿破仑的失态和塔列朗的镇静自若很快在人们中间传播开来,拿破仑的威望降低了。

伟大的皇帝在压力下失去了冷静,人们开始感觉到他已经走下坡路了,就像塔列朗事后说的那样:“这是结束的开端。”

塔列朗激起了拿破仑的怒气,让他的情绪失控,这正是他的目的。人人都知道拿破仑是一个容易发怒的人,他已经失去了作为一个领导的权威,这种负面效果影响了人民对他的支持,这说明他已经失去了主宰大局的绝对权力。

可见,在很多场合,能够用理智控制自己的情绪是非常重要的。在各种遭遇和不幸面前,我们都应保持冷静的思考和稳定的情绪,遇事冷静,客观地做出分析和判断。愤怒并不是解决问题的唯一方式,有时候,我们不妨换一种角度来思考问题。

05　坚持自己的原则

一个人只要认为自己的立场和观点正确,就要勇敢地坚持下去,而不必在乎别人如何去评价。

——马可·奥勒留　《沉思录》

在人生的道路上,做任何事都有一定的目的和意义,只要确认我们的方向正确无误,便要坚持自己的原则。即使此刻还在迷宫中跌跌撞撞,我们也不再迷失,会比别人更早一步走出迷阵。

每个人都有自己的想法,或许这些想法会遭到他人的讥笑、反对,但是这并没有什么关系。人生的终极目标就是自我满足、自我实现,既然不是别人帮你实现,而是要依靠你自己,那就要坚持自己的原则。

一天,一群年轻的小伙子站在培训部主任梅尔瓦因的门外等待面试,他们是被特意派到这儿来的。其中有一位名叫弗兰茨·贝尔纳的17岁的中学生,他的父亲在战争中阵亡,这份工作对他非常重要。

当他们敲梅尔瓦因先生办公室的门时,这位培训部主任正坐在椅子上喝咖啡呢。小青年们敲了半天的门,但里面没有一点儿回应,他们面面相觑,无计可施。弗兰茨·贝尔纳说:“或许他没听见,我再敲敲吧!”

其他人都耸耸肩,没有作声。于是他壮起胆子敲了敲门,屋子里传来一句恼怒的骂声。

“他说什么?”弗兰茨没有听清,回头问同伴。

“好像是说,进来吧!”有人答道。

于是弗兰茨按动门把手,门开了一条缝。小青年们都涌上前,挤在门框里。

“一群没教养的东西,我说了不要打扰我,你们没有长耳朵吗?”写字台后传来一阵狂怒的吼声。这些人不觉往后退缩了一下。

“嗯,怎么不敢吭声了?”

小青年们惊慌地相互对视,没人敢搭腔。弗兰茨跨前一步说:“请您原谅,我们是被特意派到这里来的,刚才我们还以为您是让我们进来呢。”

“噢?是吗?那你们就没有学会等一等?你们没看到我正在忙吗?给我滚到外面去等着!”随即门“砰”地一声关上了。

小青年们愤愤地议论着,无可奈何地坐到一张长椅上等。过了许久,他们才被允许进去。刚才还凶神恶煞般的培训部主任现在显得有些人情味了。他的问题简短而精湛,而且要求的回答也是如此。忽然他提出了一个让这些年轻人出其不意的问题:“你们是如何看待刚才的问题的?”显得有点惶惑的被提问者们没人回应。

“说呀!”培训部主任逼问。

“当然是您做得对!”一个人讨好地说。

梅尔瓦因的表情深不可测。他盯住弗兰茨，眼光严厉："你是怎么看的，年轻人？"

"我不这么认为！"

"噢？说说看！"

"我们并不想打扰您，只是没听清楚您的话而已。"

"你是这么想的，对吗？"

"是的，我是这么想的。"

"孩子，你还不如让马去想呢，马的脑袋可比你的大得多！"周围发出一阵哄笑，有对主管的讨好，也有对这个年轻人的嘲笑。弗兰茨的脸涨得通红，他的牙齿紧咬着下唇。

"我说得不对吗？"梅尔瓦因并没因弗兰茨的尴尬而罢休。

"不对，我绝不让人禁止我思考！"

"嗯，那好，这个问题我们再谈谈，其他的人都可以走了，过后你们会接到通知的。这位思想家还要在这儿多留一会儿！"

那些与弗兰茨一同前来的年轻人向这位培训部的主人鞠了一躬便转身离去了，从门外传来了他们放肆的笑声，弗兰茨和培训部主任都明白那笑声里包含着什么。

门刚刚在身后关上，梅尔瓦因先生就拍拍弗兰茨的肩膀说："好样的，孩子！好好保留你这种坦诚和刚直的勇气！这对你的一生都有用。"

看到弗兰茨难以置信的眼神，培训部主任笑道："你被录取了！记住，永远不要失去自己的勇气！"

这时弗兰茨也笑了："哦，我明白了！"

的确，一个人只要认为自己的立场和观点正确，就要勇敢地坚持下去，而不必在乎别人如何去评价。一位哲人曾经忠告我们："生活中，当别人建议你不能做这个，不能做那个时，你不要理睬他们。你需要做的，是尽快超越他们。如果一直坚持自己的梦想会实现，你就一定会取得成功。”

朝着自己的想法大胆去做，别在乎别人如何看这件事，也别在乎这条路上有多少荆棘，多少困苦。如果一旦这样做了，就一定会赢得别人的尊重，体现出自己的价值。

06 改变平庸的生活

这些人做事非常认真，甚至是废寝忘食，因为兴趣而使自己看重的事情精益求精；在你眼里，难道有益于社会的工作毫无价值、不值得你去尽心劳作吗？

——马可·奥勒留 《沉思录》

生活本身是丰富多彩的，除了工作、学习，还有许许多多美好的东西：温馨的家庭、可口的饭菜、美好的大自然……但是，总有一些人觉得自己的生活没有趣味，让人感受不到快乐和幸福。这样，便失去了生活的意义。

在单调而平庸的状态下生活是一个人的最大悲哀。事实上，没有一个人希望过这种生活，但是他们又不愿做出改变。他们缺乏勇气，缺乏为改变这种生活而努力的态度。由此我们可以得出，导致生活平庸和单调的根本原因就是消极的态度。

平庸的生活是没有快乐可言的，你不仅不能从中找到快乐，反而可能会体验到痛苦。你会经常被忧虑和烦恼所困扰，你会难以发现自身的优势，你会不自信，不愿主动与人交往。而你越是这样，情况就越糟糕，态度就越消极，从而导致了恶性循环。

生活是很美好的，关键在于你有没有一双善于发现的眼睛，有没有改变现状的决心,只要你能改变自己的态度,积极主动起来,生活就会变得阳光灿烂。

快乐的生活来自于自己的经营和调节,因此我们要善于激发自己对生活的热情,积极地培养自己对生活的兴趣,努力调整自己的生活态度。

没有快乐的生活就是平庸的生活,没有趣味和快乐的生活需要改进。

改变平庸的生活需要决心和勇气,而首先要做的就是拥有积极乐观的态度。生活中没有快乐和热情的人,需要改变;平庸无能、消极颓废的人,更需要改变。

阿德勒是个农场主,他的心情总是很好。当有人问他最近如何时,他总是回答:“我快乐无比。”

他说:“每天早上,我一醒来就对自己说,阿德勒,你今天有两种选择,你可以选择心情愉快,也可以选择心情不好,我选择心情愉快。每次有坏事情发生,我可以选择成为一个受害者,也可以选择从中学些东西,我选择后者。人生就是选择,你要学会选择如何去面对各种处境。归根结底,你要自己选择如何面对人生。”

有一天,他被3个持枪的歹徒拦住了。歹徒朝他开了枪。

幸运的是发现较早,阿德勒被送进了急诊室。经过18个小时的抢救和几个星期的精心治疗,阿德勒出院了,只是仍有小部分弹片留在他的体内。

6个月后,他的一位朋友见到了他。朋友问他近况如何,他说:“我快乐无比。想不想看看我的伤疤?”朋友看了伤疤,然后问当时他想了些什么。阿德勒答道:“当我躺在地上时,我对自己说有自己两个选择:一是死,一是活。我选择了活。医护人员都很好,他们告诉我,我会好的。但在他们把我推进急诊室后,我从他们的眼神中读到了‘他是个死人’。我知道我需要采取一些行动。”

“你采取了什么行动?”朋友问。

阿德勒说:“有个护士大声问我对什么东西过敏。我马上答‘有的’。这时,所有的医生、护士都停下来等我说下去。我深深吸了一口气,然后大声吼道:‘子弹!’在一片大笑声中,我又说道:‘请把我当活人来医。’”

阿德勒就这样活下来了。

总之,一个人只要有乐观的心态和积极向上的决心,有改变现状、追求进步的勇气,就一定能够让自己的生活变得充实起来,从而改变自己平庸的生活。

人可以生活得平凡,但不要生活得平庸。如果你觉得自己过得很空虚、很烦躁,如果你对自己的生活质量不满意,那么你最好的选择就是:下定决心改变它。

07 不要害怕挫折

如果你遭遇了外界的挫折而烦恼,搅乱你心思的不是这事物本身,而是你自己对那事物的判断。

——马可·奥勒留 《沉思录》

每个人都会面临各种挑战,各种机会,各种挫折,这时候你所能承受挫折的能力,决定着你未来的命运。成功不是一个海港,而是一次埋伏着许多危险的旅程,人生的赌注就是在这次旅程中要做个赢家,成功永远属于不怕挫折的人。

所谓挫折是指挫败、阻挠、失意的意思。在心理学中,挫折是指人们在从事有目的的活动中,由于遇到无法克服或自以为无法克服的障碍和干扰,使其需要不能得到满足而产生的紧张状态与消极的情绪反应。

人受挫后的消极情绪反应主要表现在四个方面:一是焦虑。受挫后的个体陷入长期不良情绪的困扰,导致生理失调,甚至产生自卑心理。二是攻击。受挫后直接攻击他人,损毁东西或迁怒他人、迁怒自身,严重的导致犯罪或自杀。三是退缩。受挫后不敢面对现实,逃避退缩。注意力不集中,对他人态度冷漠,不合群,造成性格孤僻,形成心理障碍。四是固执。受挫后寻找各种客观理由,一味地埋怨或者破罐子破摔,失去对生活的信心和动力。

如果将幸福、快乐比作太阳,那么,不幸、挫折就可以比作月亮。人不能只祈求永远在阳光下生活,在生活中从没有失败和挫折是不现实。挫折是成功的入场券,它能使人走向成熟,取得成就,但也可能破坏人的信心,让人丧失斗志。对于挫折,关键在于怎么看待。

不要害怕挫折,记住:不因一时的挫折停止尝试的人,永远不会失败。许多人只需要再多支持一分钟,多做一次努力,就能反败为胜。

在人生的道路上,挫折是难免的,只有那些勇于面对挫折、不畏艰难、凭着坚强和毅力拼搏的人,才有希望走向成功,才能创造出更加美好的明天。要想获得成功,要想过得快乐,那就不要害怕挫折,让我们把挫折这个"绊脚石"踏在脚底下,使它成为"垫脚石",最终战胜挫折,百炼成钢!

失败是一种让人承担更大责任的准备。了解自己为何失败,那么失败是资产。如果你把失败当做前进的动力,挫折将会把你引向成功的彼岸。

第四章　积极地生活

01　重要的是把握现在

不要被将来的事所困扰，因为如果那要发生的都是必然的话，你将会理性地对待它们，就像你理性地对待现在的事物一样。

——马可·奥勒留　《沉思录》

时间不是金钱，它不能积累，不能贮存；它不会听从你的调遣，以备你的不时之需。我们能够看见的只是当下的时间，永远看不到逝去的时间和将来的时间。只有好好把握现在，才是最重要的。

只有现在才可以充分利用。你无法追回过去，也无法掌控未来，所能做的事就是抓住现在，去做你自己认为正确的事情。

丹麦哥本哈根大学的学生乔根一个人夏天去美国旅游。他到达华盛顿时，在魏拉德旅馆登了记，并买好了返程机票。可是他准备睡觉时，一次意外的打击迎头而来——他发现钱包不见了。钱包里装有护照和现款。他急忙跑到楼下的旅馆柜台，向经理说明了情况。

“我们将尽一切努力，请您放心。”经理说。

直到第二天早晨，钱包仍不知下落。乔根的衣袋里只有几块钱。现在的他独自漂泊异乡，该怎么办呢？难道要打电报给芝加哥的朋友，告诉

他们自己现在的情况？还是到警察总局坐等消息？

“不，”乔根在心里对自己说，“我不愿做任何这样的事！既然已经来了，我就要参观华盛顿。我以后可能不会再上这儿来了。我在这里只能玩上宝贵的一天，何况我还有去芝加哥的机票，还有许多时间解决现款和护照的问题。如果我现在不去参观华盛顿，那我今后可能再也没有这样的机会了。现在的我和失去钱包以前的我是同一个人。那时的我很愉快，现在的我应当也很愉快。我刚刚到达华盛顿，一定要趁此机会在这个城市里享受一个愉快的假日。我不应该把时间无谓地浪费在由于损失而引起的不愉快中。”

于是，他按原计划步行出发了。他看到了白宫和国会大厦，参观了博物馆，爬上了华盛顿纪念碑的顶部。虽然不能到华盛顿郊区阿灵顿以及他原来想去看看的其他几个地方，但只要是他到过的地方，他都看得很仔细。他买了些花生和糖果，边走边吃，免得肚子过于饥饿。

值得高兴的是，当他晚上返回旅馆时，警察已找到他的钱包，并安全送到了他的手中。乔根回到丹麦后，每次回忆起在美国那天徒步旅游华盛顿的经历时，心情就十分愉快。

如果乔根不用这种开放的心情去游览，那一天就可能就毫无意义地溜掉了。所幸的是他懂得："现在"正是时候。必须在"现在"消失之前把它抓住，以免无限惋惜"昨天我本可以……"

戴尔·卡耐基说过，创造美好未来的最佳办法就是集中你所有的精力、智慧、热情，努力地完成好今天的任务。不好好把握现在，等到失去时，只能是悔不当初。

生命的短暂与存在的永恒之间的矛盾，使世界上有了三种人：第一种人只会回忆过去，在回忆的过程中体验感伤；第二种人只会空想未来，在空想的过程中不务实际；第三种人是注重现在，脚踏实地，慢慢积累，一步一步地走向未来。

实际上，过去的事情不论多么值得流连或是多么需要悔恨，那只是毫无意义的心理反应，"过去"已经过去了，已经不存在了，而"未来"尚未到来。人生就像爬山登高，爬在中途的时候，不必往下看，也不要过多地往上看，不要为已经走过的路以及不清楚的路费神费力，看好脚下的路才是最重要的。

02　接受新事物

一切事物是以变化而互相更替，要经常地想，宇宙最喜欢改变现存的事物，并且制造同一类型的新事物。

——马可·奥勒留　《沉思录》

不论是做人还是做事，积极的心态都能促进美好未来的产生，而美好的未来则会激励和引导一个人走向成功。曾有位文学家这样说过："大多数人想改造这个世界，但却极少有人想改造自己。"人是社会的一员，是人类社会中的一个要素。人与社会的关系决定于人所处的状态。人所处的状态不同带来的效果也不同，状态主要表现为生活状态、心理状态和行为状态。

拿破仑·希尔说过，没有什么比“改变的决心”更能让你成功地改变自己的态度。当你的心态改变时，你与世界的交换必然发生变化，你与世界的关系就变了，你在社会生活中的位置也就变了。同时，世界也必然要做出反应以适应你的改变。世界就这样被改变了。

热弗尔是一位黑人青年，他出生在一个非常糟糕的地方——底特律的贫民区。他的童年缺乏必要的关爱和教导，经常和一些坏孩子逃学、偷盗财物，甚至吸毒。12 岁那年，他因为抢劫一家商店而被逮捕。15 岁的时候，他企图撬开别人办公室的保险箱又被逮捕。后来，他又因为参与对一家酒吧的打劫而再次被捕，并被送进监狱。

一天，他在监狱打棒球时遇到一个年老的囚犯，老囚犯对他说：“小伙子，球打得不错，有机会去做一点有意义的事情吧，不要再这样堕落下去，自己把自己毁了。”简短的几句话，在热弗尔的心里掀起了一阵狂澜。他突然意识到，自己如果不及时回头，这一生可能就没有希望了。于是，他决定改过自新，从头再来。自己虽然是一个囚犯，但还有作为囚犯的最大自由——改变自己的心态，选择出狱后的生活，既然自己在棒球方面非常有天分，那就在出狱后去做一名职业棒球手吧！他突然振奋起来，相信只要努力，就一定能够改变自己的未来生活。5 年后，热弗尔成了全美明星赛中底特律老虎队的队员。

原来，底特律棒球队当时的领队马丁在一次友谊比赛时访问了热弗尔所在的监狱，并发现了热弗尔在棒球方面的天分。在马丁的努力之下，热弗尔被假释出狱，不到一年，他就成了底特律队的主力。

适者生存，这是自然界的规律，也是社会规律。世上的事物时时刻刻都在发生着改变，如果你跟不上社会的步伐，你会被社会抛得越来越远。面对这样的状况，只有改变才是出路。

一个人只要有积极的心态，有改变状态、追求进步的勇气，就一定能

够让自己的生活变得充实起来，获得美好的未来。

改变就会获得机会，只要你及时处理，就会有好的机会与开始。而且，唯有良好的自我改变，才是改变事情、改造状况，甚至改变环境的基础。

改变自己首先要学会接受新事物，因为每个人的身上都有着巨大的潜能可以开发，只可惜，我们往往限制住自己的思想。科技进步的速度快得令人惊奇，同时也引导各方面的成长，如果你仍一味地运用旧的思想、旧的做法去行动，最终将会被社会淘汰。所以头脑要放灵活些，从现在开始，你就要有意识地调整自己，接受新思想，摒弃不适当的旧观念，会使你改造自己，成为扩大格局的好起点。

成事在人，你是受你的思想操纵的，因此汰旧换新在思想与自我改造上更为重要，美好的与适当的，才值得我们去选择与坚持！

一个人要改变自己是一件很难的事情，要改变自己的思想则更难。但如果你有了改变的决心，思想本身产生了这样的念头，并能按照一定的步骤去执行，那么想要获得美好的未来也就不是什么可望而不可即的事情了。

03　保持乐观

这么悲惨的一生，充满了悲愤与荒唐，实在是够了！为什么要烦恼呢？

——马可·奥勒留　《沉思录》

人生是一种选择，人生是选择的结果，不一样的选择会有不一样的人生。

每个人的观念及价值观不同，所以看待同一件事情所得到的反应也不同。生活中的和谐与平衡，健康与健美，成功与幸福，都是由乐观的心态决定的。马歇尔·霍尔医生曾对自己的病人说过："乐观的态度，是你最好的药。"所罗门也曾说："乐观的心态，就是最强劲的兴奋剂。"

德国的一位心理学家为了研究一个人的心理和态度究竟对其行为有着怎样的影响，做了这样一项实验。他挑选了8位身体健康的成年男性志愿者。首先，他让这8个人穿过一间漆黑的屋子。在他的指引下，8个人都顺利地穿了过去。然后，他打开屋顶的一盏并不明亮的灯。出于好奇，刚才参加实验的人都想看一看黑屋子里到底有什么"机关"。这一看把他们惊出了一身冷汗，原来屋子下面是一个大水池，水池里几条大鳄鱼正在来回游动。水池的上方接近于水面的位置搭着一座窄窄的木板桥，刚才他们正是从这座木板桥上走过来的。

等大家的情绪逐渐稳定之后，心理学家问道："现在还有谁敢从这座木桥上走过去？"

没有人回答。心理学家注视着每一位志愿者，许久之后，终于有3个大胆的人经过商量同时举起了手，于是心理学家让他们分别进行尝试。

在众人期待的目光中,第一位小心翼翼地迈上小木桥,艰难地挪到了另一端;第二位刚走到一半的时候,突然蹲下来,然后身体贴着小木桥爬了过去;第三位刚走上小木桥就害怕起来,结果蹲下身爬了回来。之后,没有人再敢尝试,于是心理学家打开房间里的所有照明灯,屋子里亮如白昼。这时大家才发现,在小木桥的下方装有一张安全网,但由于网线颜色很浅,之前并没有人发现。此时,心理学家再次问道:“现在有谁敢走过去?”8 个人中有 5 个人举了手。心理学家问另外 3 个人为何不举手,他们竟然同时回答:“这张安全网足够牢固吗?”

无论遇到什么样的事情,我们都要保持积极乐观的心态。过分悲观会让一个人看不到奋斗的目标和方向,从此萎靡不振。

有一位虔诚的作家,在被人问到该如何抵抗诱惑时,他回答说:“首先,要有乐观的态度;其次,要有乐观的态度;最后,还是要有乐观的态度。”

保持乐观的态度并不是一件容易的事,有人曾把它比喻成“心灵的晴天”。然而,晴天并不是每天都可以出现的。乐观使人心态平和,它像一曲永恒的音乐,让人们重获力量和希望。但接连不断的折磨和苦难却会使人烦躁、焦虑，一点一点地磨灭你乐观的心情。

在滑铁卢战役役中，英国的威灵顿将军打败了拿破仑。

这位打败英雄的英雄并不只是幸运而已，他也曾尝过打败仗的滋味，并且多次被拿破仑的军队打得落花流水。

最落魄的一次，威灵顿将军几乎全军覆没，只好落荒而逃，逼不得已藏身在破旧的柴房里。

在饥寒交迫中，他想起自己的部队被拿破仑打得伤亡惨重，这样还有什么面目回去见江东父老呢？万念俱灰之下，只想一死了之。

正当他心灰意冷的时候，突然看见墙角有一只正在结网的蜘蛛，一阵风吹来，网子立刻被吹破了，但是蜘蛛并没有就此罢休，它再接再厉，努力吐丝，立刻开始重新织网。

好不容易又快要结成时，一阵大风吹来，网子又散开了，蜘蛛毫不气馁，转移阵地又开始编织它的网子。

像是要和风比赛一般，蜘蛛始终没有放弃，风越大，它就织得越勤奋，等到它第八次把网织好以后，风终于完全停止了。

威灵顿将军看到了这一幕，不禁有感而发，小小的一只蜘蛛都有勇气对抗大自然这个强大的劲敌，何况是自己一个堂堂的将军，更应该要奋战到底，怎能因为一时的失败而丧失斗志呢？

于是，威灵顿将军接受失败的事实，并且重振旗鼓，苦心奋斗了7年之久，终于在滑铁卢之役一举打败拿破仑，一雪当年的耻辱。

在今天这样竞争激烈的社会中，每个人也都会遇到许多的危机和麻烦。乐观的人能够采取积极的措施去应付处理，从而使问题很容易得到解决。而悲观的人却常常对未来持以否定的看法。他们态度悲观，一件事情还没有开始行动之前，精神就先败下阵来。这样，能做好的事情也不敢做，本可避免的错误、失败也很容易遇到一大堆。

对悲观的人谈起任何计划，他马上就会提出一连串有关这个计划的麻烦与障碍。而且他还会告诉你，即使圆满达成目的，最后也只会尝到苦涩与屈辱。

身处同样的环境，为什么有的人能成就非凡的人生，而有的人却被环境所害。在生活中，我们总是说有什么样的环境就有什么样的人生，其实这种说法是不正确的。影响我们人生的绝不是什么环境，而是我们对这一切持什么样的态度。乐观的人，一定会笑对人生，而最终也将获得一个美好的人生。

有人说，悲观主义像鸦片一样，是一种有毒的物质。虽然有时可以入药，但绝对不能当饭。悲观失望的情绪会让我们失去奋斗的激情。前进中的挫折是必不可少的，千万不要一遇到困难就放弃希望。要始终保持追求梦想的冲劲儿和勇气，才不致让心中那把生命之火灰飞烟灭。

生活中，悲观者都比较喜欢躲在自己的壳内，甚至不愿听取别人的意见，认为别人都具有危险性。但是，乐观者却与他们相反，他们喜欢关心别人，愿意让别人畅所欲言，给对方展现自我的机会，努力观察对方的所作所为。通过这种做法来了解每个人的长处、优点，因而得以团结、领导众人，共同朝着某个目标迈进。

遇到困难的时候，乐观者会积极地寻找新的解决方法，在很短的时间内就把不利的条件转变成有利的条件；而悲观者常常因为一下子就看到困难而心生畏惧，退缩不前。其实在很多情况下，只需要一点想象力，情况就会完全改观。因为任何难题的解答，总是处在积极进取的心态中。积极乐观一点，你就很容易发现，其实生活还可以变得更加美好。

04　不要无谓地消耗你的精力

我们的言行，没有哪个是必需的，如果一个人知道节制，就会因此而得到更多的闲暇，同时烦恼也相应地减少。所以，要时时刻刻不忘提醒你自己："所做的是不是必需的事情之一？"

——马可·奥勒留　《沉思录》

生活中，我们知道这样一个常识：煤可以用来发电，但是，一吨煤中有99%的能量不能到达电灯，而是耗费在机械和电力运输上，而真正发出光来的能量不过是总能量的1%。其中存在的巨损，十足惊人。

人也是如此，一个年轻人在刚刚走向社会的时候，总认为自己身上有着"取之不尽、用之不竭"的能源。他希望能利用自己充沛的精力，做出一番惊人的事业来。同时，他也希望把一切精力都变为促进成功的因素，他为自己年轻感到自豪，以为他的精力是无尽的，所以在各个地方、各个方面挥霍自己生命的储能。

花天酒地、饮食无度、奢侈的习惯、工作的不认真等这些无谓的事情严重地消耗了他的有限的精力。直到最后，他会惊异地察觉到，他原本有着充分的精力，但竟然连照耀自己的光亮都发不出来，更不用说要照耀他人了。原来可以促成他成功的力量，就像用于发电的煤的能量一样，绝大部分都已经在半路上被消耗掉了，消耗在一些对成功毫无帮助的事情上。

每个人的精力都是有限的，所以要学会把主要精力放在可以获得最大回报的事情上，而别将精力花费在对成功无益或者仅有很少益处的事情上。

一个人在一夜之间将辛苦赚来的金钱全部浪费掉，固然可惜，但如果他把精力消耗干净，更加让人觉得可惜。因为，金钱损失以后，我们还会想出很多办法再去赚取，但精力一旦消耗掉就无法再收回，无论你采用什么办法。而且随着精力的消耗，往往还附带着其他的损失，比如时间，可能会在无形之中埋没了一个人生命中最宝贵的东西。

生活是复杂的，每个人都有喜怒哀乐，每个人都会面对无穷的琐事，而要完全回避这些是不可能的。但是，对于一个想做出一番事业的人来说，哪些是需要我们付出精力去做的，哪些是不需要做的，从而为自己去做重要的事情留下宝贵的、有限的精力。

人有时候会忍不住去做一些无意义的事情，尤其是当你烦心的时候，或者不知道自己生活目标的时候。一定要牢记英国批评家路卡斯的话："绝不要在未想清楚'花这个精力是否值得'前就去着手做一件工作或读一本书。这是人人都应该有的基本常识。"

所以，凡是一切足以减弱你的生命储能以及消耗精力的事情，都应当设法排除,都不要去做。永远不要允许过去的不幸和应该遗忘的东西再来搅乱你的心灵,更不要让这些东西来消耗你的“生命资本”。平时应该这样问自己:“现在我所做的这件事情,对我的事业、我的能力,是否有一定的益处?能否让我成为一个更有效率、精力更充沛的人呢?”

05　会选择，更要会放弃

你应该看到,一个人要过上平静而安详的生活,他所需要的东西真是少之又少。

——马可·奥勒留　《沉思录》

中国有句哲理名言:有所为有所不为。这句话告诉我们要学会选择,同时要学会放弃。一个人的能力再强,精力再充沛,也不可能无所不为,什么都想做,只能是什么也做不好,所以选择自己应该做的才是最关键的。

人生是复杂的,但有时又很简单,简单到只有选择和放弃。应该选择的完全可以理直气壮,不该选择的则应当毅然放弃。

在现实生活中,我们要学会选择,但更多的则是需要有一种放弃的清醒。在物欲横流的今天,摆在每个人面前的诱惑实在太多了,这就需要保持清醒的头脑,勇于放弃。如果抓住自己的东西不放,不懂得放弃,永远也不会领悟到生活的真谛。

金代禅师非常喜爱兰花,在寺旁的庭院里栽植数百盆各色品种的兰花,讲经说法之余,总是全心的照料,大家都说,兰花好像是金代禅师的生命。

一天,金代禅师因事外出。有一个弟子接受师父的指示,为兰花浇

水，但不小心，将架子绊倒，整架的兰花都给打翻了。

弟子心想：师父回来，看到心爱的兰花这番景象，不知要愤怒到什么程度？于是就和其他的师兄弟商量，等禅师回来后，勇于认错，且甘愿接受任何处罚。

金代禅师回来后，看到这件事，一点也不生气，反而心平气和地安慰弟子道："我之所以喜爱兰花，为的是要用香花供佛，并且也为了美化禅院环境，并不是为生气才种的啊！凡是世界的一切都是无常的，不要执着于心爱的事物而难割舍，因为那不是禅者的行径！"

金代禅师"不是为生气而才种花"的禅功，深深地感染了弟子。弟子放下了一颗忐忑的心，更精进于修持。

生活原本是淳朴简单的。人，因为不懂得舍弃才会有许多的痛苦。舍弃才能释放新的空间，天地因此豁然开朗，生命会向你展现出另外一番的景致，放弃才是完美人生的大智慧。

有的时候，放弃一些东西并不代表你对它已经没有了眷恋，而是你知道它在你心目中已经占据了很重要的位置，所以你才忍痛放弃了它。放弃并不是对追求的背叛，相反，有时倒更能执着于其间。

有一句很经典的话：当你握紧双手，里面什么也没有；当你打开双手，世界就在你手中。当鱼和熊掌不能兼得的时候，继续为了“兼得”而不做舍弃，这是极其不明智的。

在得到的同时，你也在失去；在选择的同时，你也在放弃。你有无数个机会，但你只能选择其中之一。人生不可能全选，一个人只能选择一种生活方式。也许，你会说：只选择一种可能，这样的生活是不是太单调枯燥？其实并非如此，我们的确只能选择一种适合自己的生活道路。比如，你选择了当作家，你就无法体会做一名成功商人的乐趣；你选择了单身的自由，你就无法体会婚姻的温馨。

人生要懂得放弃，有时候，放弃不仅是一种勇气，更是一种智慧。放弃是在以另外一种方式诠释人生，明白了放弃，你就懂得了人生。

06　变化并不是一件坏事

一切事物的变化都算不得是恶，就好像有些事物凭借变化的结果才得以生存，这也算不得是善。

——马可·奥勒留　　《沉思录》

一位哲人说，在这个多变的社会里，真正的危险不在于经验的缺乏，而在于不懂变化，认识不到变化。世界总是在变化中前进的，如果没有变化，人类不会一直向前发展。

但在现实生活中，很多人不想做出任何改变。他们不愿意迈出变化这一步仅仅是因为怕损害到自己的利益，但是他们没有看到他人的利益正在因自己的固执而受到损害，也没有看到自己的变化很可能是一个双赢的局面。变化每天都在发生，我们绝不要害怕变化，我们需要转变思想，其实，变化并不是一件坏事。

很久以前，人类都是赤脚行走的。一位国王去偏远的乡间旅游，路上有很多碎石头，把他的脚硌疼了。回到皇宫后，国王下令将国内所有道路都铺上一层牛皮。这样，不仅自己不再受苦，全国老百姓也都可以免受刺痛之苦了。

但是，到哪里去找那么多的牛皮呢？即使把全国所有的牛都杀了，也

筹措不到足够的牛皮呀！就在大家为此愁眉不展时，一个大臣大胆地向国王谏言说："陛下，为何要劳师动众呢？如果只用两小片牛皮包住您的脚，这样以后走到哪儿，不是一样可以免受刺痛之苦了吗？"国王也认为有道理，便采用了这位大臣的建议。

国王只是一个小小的思想转变，就免去了全国人民的无限痛苦，所以说，适时的变化不但不是一件坏事，还是一件好事。在造福全国人民的同时，自己也免受了刺痛之苦，这样的变化何乐而不为呢？

人是善于思考的动物，处在竞争激烈、变化多端的社会中，当我们一旦发现自己的定位与现实不相符合的时候，调整步调才是最明智的选择。

社会是变化的，市场需求也是变化的，当需求变化的时候，也正是财

富发生转移的时刻，所以，一定要根据市场的需求还制定自己的投资计划。

创建于19世纪的彭尼公司原来只是一家小杂货店，其创始人彭尼苦心经营，生意日渐兴隆。到了1940年，公司已拥有4.09亿美元资产，连锁店的数目达到1586个，即使是在经济大萧条时代，彭尼公司仍在继续发展。

然而到了20世纪50年代，彭尼公司的生存遭到威胁。公司信奉“一手交钱，一手交货”的信条，但是商品种类很单调，产品缺乏竞争力，很多商品跟不上时代，不能满足现代消费者的需要。

1957年，公司总经理巴腾向董事会提出批评，指责公司领导保守僵化，对发生的变化无动于衷，他认为非改革不可了。

董事长乔治·彭尼认识到巴腾建议的正确性，开始意识到自身错误，他决定实行变革。1958年公司开始实行提供信贷服务，这一举动给公司当年带来了利润。到了1973年，彭尼公司已有12万赊销账户，并且也走上商品品种多样化道路。随后，彭尼公司蒸蒸日上，逐渐成为美国几家大商业公司之一。

社会上很多人都抱着稳定的环境死守不放，缺乏生机。变化并不是坏事，有时候固守现状能算是平庸，做出变化才算是成功。当一些事物已经改变的时候，千万不要再按照原来的规则做事，否则一定会因为变化而使自己的财富白白流失，甚至丧失获得更多财富的机会。

07　快乐需要自己寻找

当你为周遭环境所迫而心烦意乱时，要让自己尽快恢复到正常状态，不要继续停留在烦躁之中；只要你不断地恢复到本真的自己，你就能获得超越和谐的支配力量。

——马可·奥勒留　　《沉思录》

快乐是我们每个人都非常向往的，也是我们生活的目标之一。一位心理学家曾说："快乐是一种善待自己的能力，不管你目前的生活状况怎样，你都应该让自己保持快乐的心情。"很多人之所以不能获得快乐，是因为他们把注意力集中在了令人沮丧和痛苦的事情上。

其实，快乐的人，不是时时都快乐，他们也有情绪低落的时候，只不过这些快乐之人对待生活的压力、烦恼等的态度、做法不同。

善于寻找快乐的人，他们很会利用巧妙的方式方法排解自己的负面情绪，从而给人一种乐观的感觉。其实，每个人都有让自己快乐的理由，但我们总认为自己没有资格快乐，或者还没有达到应该快乐的程度。

有一个女孩，长得不错，也有一份不错的工作，但她看上去总是很忧伤。

有一次，女孩下班后和往常一样乘地铁回家，人很多，一对情侣站在了她的对面，他们亲热地相挽着，这个个子很高的女孩背对着她，高个子女孩的背影看上去很标致，高挑、匀称、活力四射，她的头发是染过的，是最时髦的金黄色，她穿着一条今夏最流行的吊带裙，露出香肩，是一个典型的都市女孩，时尚、前卫、性感。

他们靠得很近，低声絮语着什么，高个子女孩不时发出欢快的笑声。笑声不加节制。后来，他们大概聊到了电影《泰坦尼克号》，这时高个子女孩便轻轻地哼起了那首主题歌，女孩的嗓音很美，把那首缠绵悱恻的歌唱得很到位，虽然只是随便哼哼，却有一番特别动人的力量。女孩心里开始自卑起来，这一定是一个足够幸福和自信的人，才会在人群里肆无忌惮地欢歌。这样想来，她的心里便酸酸的，像我这样从内到外都极为普通的人、孤鸿无侣的人，何时才会有这样旁若无人的欢乐歌呢？

女孩打算看看那张倾城的脸上洋溢着幸福的样子。她在人群中吃力地挪到了他们的旁边，然而，她惊呆了，她看到的是一张被烧坏了的脸，用“触目惊心”这个词来形容毫不夸张，可就是这样的女孩居然会有那么快乐的心境。

从此，这个忧伤的女孩开始变得快乐起来，因为，她发现，其实没有什么大不了的事可以影响我们的心情。

无论对工作还是生活来说，能保持快乐的心态，就是一种资本。当乐观的人陷入情绪低潮时，他并不在乎眼前的那些，他会想尽一切办法让自己快乐起来，因为他知道，过些时候，他就会再度快乐起来。对他来说，这没什么大不了的。

当我们感到难过时，不要抗拒它，试着放松，争取让自己能够保持从容与镇定的状态。不要对抗自己的负面情绪，只要我们很从容，他们就会像落日一样消失在夜幕中。

英国的一位作家说：“快乐是一种礼物，创造了绝大多数积极的生活。”生活有美丽的阳光，也有阴暗的阳光。当我们以快乐的心面对阳光时，一切都变得阳光灿烂了；当我们以悲伤的心面对阳光时，一切都变得灰色阴暗了。

想过快乐生活的人们,要好好工作,只要是该做的事,不论大小,是轻是重,都要全力以赴。只要我们以乐观的态度去面对一切,就会变得热情、主动、快乐起来。

无论是乐观还是忧愁着的人们,不论我们处在什么样的工作环境中,我们都应该知道,我们快乐或者不快乐是由自己来决定的。其实,快乐并不是什么神秘的东西,只要你积极地寻找,随时都能获得。

08 给自己留一点空间

摈弃那些让人烦恼和不适宜的印象,使内心恢复平静,这并不难做到。

——马可·奥勒留 《沉思录》

处于生活压力下的年轻人每日都在拼命地劳作,虽然双休日能在家小睡个懒觉,但恐怕心中也不会那么坦然。

《菜根谭》中有这样一句话:“忧勤是美德,太苦则无以适性怡情。”这句话的意思是说,尽心尽力去做事是一种很好的美德,但是过于辛苦地投入,就会失去愉快的心情和爽朗的精神。而人生如果失去了愉快的心情和爽朗的精神,还有什么乐趣可言呢?

然而,在生活中,就是有这样一群忙碌的人,他们习惯将每天的日程安排得满满的,每天总有做不完的事,即使再累,也咬牙支撑着。不知道这些人是否想过,如果天天为这些工作疲于奔命,最终那些让我们焦头烂额的事情就会超过我们所能承受的极限。

《菜根谭》中还有一句话:“天道忌盈业不求满。”告诫人们事事要留有余地，如是则“造物不能忌我，鬼神不能损我”。反之，“若业必求满，功必求盈，不生内变，必招外忧”。所以，一定要给我们的生活留点空间。

给生活留一点空间，其实就是不要让生活过得太满。

人生就像一段旅程，我们从一出生就开始积累东西，包括名誉、地位、财富、亲情、人际关系、健康、知识，也包括了烦恼、郁闷、挫折和压力等。而有一些，早该丢掉而未丢掉，早该储存而未储存。

我们的确是太忙碌了，以致没有时间替自己做个“清理”，这种“清理”，就如同“盘点库存”。你总要了解自己的仓库内有什么，某些货物如果不能限期销售出去，最后很可能会因积压过多而拖垮你。

一位著名的社会学家曾这样说过：“如果用十分的力气算是竭尽全力的话，我只用八分。如果别人竭尽全力能当上处长，那我只当到科长；如果别人竭尽全力能赚到 10 元钱，那我赚到 8 元就停止，我永远要留两分给自己。我要用这两分的时间和精力去注意天边的云霞，去凝视远处的山峦，去留意水中的涟漪，去聆听父母的叮咛，去欣赏爱人温柔的眼神、孩子纯真的笑脸……我要放慢脚步，尽自己的可能去发觉、去欣赏人生旅途中的每一道风景，而不是不留余地地匆匆赶路。”

的确，我们每个人的人生都应该采用这个八分哲学，这是一种和谐、有弹性的生活方式。饭不要吃太多，话不要说太满，忙碌中留有空闲，即使是爱情也要把握尺度，留出两分的距离。这才是真正智慧的生活方式。

但是，有节制地去生活，并不是每一个人都能做到的。

在加拿大魁北克，有一条南北走向的山谷。山谷没有什么特别之处，唯一能引人注意的是它的西坡长满松树、柏树等，而东坡却只有雪松。这一奇异景色之谜，许多人不知所以，然而揭开这个谜的，竟是一对夫妇。

那是一个冬天，这对夫妇的婚姻正濒于破裂的边缘，为了找回昔日的爱情，他们打算做一次浪漫之旅，如果能找回就继续生活，否则就友好分手。

他们来到这个山谷的时候，下起了大雪，他们支起帐篷，望着满天飞舞的大雪，发现由于特殊的风向，东坡的雪总比西坡的大且密。不一会儿，雪松上就落了厚厚的一层雪。不过当雪积到一定程度，雪松那富有弹性的枝丫就会向下弯曲，直到雪从枝上滑落。这样反复地积，反复地积，反复地弯，反复地落，雪松完好无损。可其他的树，却因没有这个本领，树枝被压断了。

妻子发现了这一景观，对丈夫说："东坡肯定也长过杂树，只是不会弯曲才被大雪摧毁了。"两人突然明白了什么，拥抱在一起。

其实，在我们的身边，这样被累死和压死的人还真不少，比如那些贪欲太大而入狱的官员，那些全力付出而劳累过度致死的企业家，也许他们都没有领会到八分哲学的内涵。

社会不断发展，生活节奏不断加快，人们的脚步也跟着快了，于是，人们变得越来越忙碌，快乐却随之越来越少。而这时，需要我们换一种心情，轻松一下。学会放下工作，试着做一些其他的运动，以偷得片刻休闲，消去心中烦闷。曾有一位网球运动员，每次比赛前别人都去睡觉，睡够以后好去练球，他却一个人去打篮球。有人问他，为什么你不练网球呢？他说，打篮球我没有丝毫压力，觉得十分愉快。对于他来说，换一种心态，换一种运动方式，就是最好的休闲。

给自己留一点空间，永远坚持人生的八分哲学，相信你可以在物欲横流的社会中冷静进取、保持一种高蹈轻扬的人生态度。